소중한 ______________ 님께

부와 성공의 인사이트,

유대인
탈무드 명언

5천 년 동안 그들은 어떻게 부와 성공을 얻었나

부와 성공의 인사이트,

유대인 탈무드 명언

Wise Sayings of Jewish Talmud

– 인문학자 김태현 지음 –

RITEC CONTENTS

CONTENTS

PART 2 부를 만드는 유대인들의 생활 철학

PART 3 불완전함에서 지혜를 길러 내는 탈무드 교육

PART 4 5천 년간 지켜온 그들만의 지혜

PART 5

세상을 움직이는 상위 1% 유전자들

| 들어가며 |

세상의 지혜를 가장 현명하게 배우다

세상을 움직이는 최고의 1% 유대인,
그들은 어떻게 부자가 되었을까?

인생의 가장 중요한 순간을 마주했다면
유대인처럼 생각하라!

노벨상이 수여되기 시작한 1901년부터 2021년까지 노벨상 수상자 943명 중 유대인은 210명으로 22%를 차지한다. 유대인 인구는 약 1,500만 명, 세계 인구 비중의 0.2%에 불과하다는 것을 생각하면 놀라운 성과다. 그뿐만 아니라 인류사에 큰 획을 그은 아인슈타인, 프로이트, 마르크스를 비롯해 대부호 록펠러, 경제학자 폴 새뮤얼슨, 언론인 조지프 퓰리처, 투자가 조지 소로스, 정치인 헨리 키신저, 페이스북 창업자 마크 저커버그, 구글 창업자 래리 페이지 등 전 세계를 쥐락펴락하는 인사 중 다수가 유대인이다. 유대인은 어떻게 세계의 중심에 우뚝 설 수 있었을까?

유대인의 역사를 되짚어 보면, 그들의 성공이 더욱 놀라울 따름이다. 유대인은 이집트의 노예 생활, 가나안의 방랑기, 바빌론의 포로 생활을 거쳐 로마 제국에 의해 추방되어 전 세계를 떠돌았으며, 제2차 세계대전 당시에는 무자비하게 자행된 나치의 대학살을 겪어야 했다. 이렇듯 유대인은 5,000년 동안 끊임없이 이민족의 박해와 침탈을 받았으며 오랜 기간 나라 없이 헤매야 했다. 그러나 유대인은 고유의 문화와 전통을 지키며 끈질기게 생명을 유지했다. 이러한 생명력의 원천은 어디에 있을까? 그 답은 바로 『탈무드』에 있다.

탈무드란 '위대한 연구'라는 뜻으로 5,000년간에 걸쳐 유대인을 지탱해 온 생활 규범이다. 법률, 전통적 관습, 축제, 민간전승 등 유대인의 삶의 철학과 지혜가 담겨 있다. 탈무드는 모두 20권, 1만 2,000페이지에 달하며 단어 수는 250만 개 이상, 중량은 75kg이나 된다. 인생의 의미는 무엇인가, 인간의 위엄이란 무엇인가, 행복이란 무엇인가, 사랑이란 무엇인가 등 유대인의 지적 재산과 정신적 자양이 모두 여기에 담겨 있다. 따라서 탈무드는 '유대인의 영혼'이라고 말할 수 있다. 오랜 이산(離散)의 역사를 걸어온 유대 민족에게 그들을 결속시켜 주는 것은 탈무드뿐이었다.

『탈무드』의 핵심은 끊임없이 생각하고 미친 듯이 실천하는 것이다. 이를테면, 『탈무드』에는 "가난한 사람이 가난에서 벗어나지 못하는 이유는 그들이 모은 돈을 다 써 버려서가 아니라, 이 세상에 더는 돈 벌 기회가 없다고 포기하기 때문이다."라는 말이 있다. 유대인은 절대 이 세상에 돈 벌 곳이 없다고 포기하지 않는다. 부자가 되는 것을 단순한 꿈이라고 생각하지 않는다. 유대인은 1년이 걸리더라도 부자 밑에서 돈 한 푼 받지 않고 일하면서 그들의 사고법을 배우려고 애쓴다. 또한, 부자가 되면 자신의 재산 일부를 반드시 가난한 사람을 돕는 데 쓴다.

탈무드가 전하는 이와 같은 통찰을 배울 수 있다면, 우리도 부와 성공에 더 가까워질 수 있지 않을까? 이 책은 유대인의 지혜를 담고 있는 탈무드 명언과 전 세계 상위 1% 유대인 위인들의 명언 중 770개를 엄선했다. 유대인 탈무드의 가르침은 우리의 인생에 새로운 통찰을 선물함과 동시에, "5천 년 동안 그들은 어떻게 부와 성공을 얻었는지" 우리에게 답을 줄 것이다.

인문학자 김태현

PART 1

모든 것은 관계에서 시작된다

바쁜 일상에 쫓겨 내가 사랑하는 사람들, 나를 사랑하는 사람들이 곁에 있음을 잊을 때가 있다. 우리의 관심과 사랑을 기다리는 사람들이 있고, 사랑을 베풀고자 우리를 기다리는 사람들도 있다. 그들이 바로 우리에게는 산소와도 같은 소중한 존재이다. 항상 느끼지는 못하지만 아무도 없다면 숨이 막힐 듯한 세상을 살게 될지도 모르니 말이다. 하지만 우리는 종종 이런 관계에 노력을 기울이는 법, 관계에 감사하는 법을 잊어버린다. 인간은 혼자서는 아무것도 할 수 없는 존재이다. 탈무드에서는 사람과 사람이 더불어 살아가는 법을 깨닫게 한다. 모든 것은 관계에서 시작되는 법이다.

1-1

'내 사람'으로 만드는 관계

'사촌이 땅을 사면 배가 아프다.'는 속담이 있다. 남이 잘되는 것을 기뻐하는 대신 질투하고 시기함을 이르는 말이다. 남이 잘되는 것을 좋아하는 사람은 별로 없다. 우리는 항상 남과 비교하여 우위에 있고 싶어 하기 때문이다. 남이 잘되면 상대적으로 내가 내려가고 안 되어 보이니 기분이 좋지 않고 남의 일이 전혀 기쁘지 않은 것이다. 그러나 나에게 좋은 일이 일어났을 때, 함께 기뻐해 주는 사람이야말로 진정한 '내 사람'이다. '내 사람'을 만들려면 어떻게 관계를 이끌어야 할까?

001 물이란 본디 산 정상에 머물지 않고 계곡을 따라 흘러가는 법이다. 이처럼 진정한 미덕은 다른 사람보다 높아지려고 하는 사람에게는 머물지 않으며 겸손하고 낮아지려는 사람에게만 머무는 법이다.

Water does not usually stay on top of a mountain, but flows along a valley. Such true virtue does not dwell on those who are about to rise above others, but only on those who are about to be humble and low.

002 만나는 모든 사람에게서 무엇인가를 배울 수 있는 사람이 이 세상에서 가장 현명하다.

It is the wisest man in the world who can learn something from anyone he meets.

003 불타고 있는 장작에 물을 뿌리면 안까지 차갑게 식지만, 심하게 분노하고 있는 사람의 마음속 불은 사죄해도 끌 수가 없다.

When water is sprayed on the burning firewood, it becomes cold to the core, but even if you apologize to a man who is seriously angry, you cannot extinguish the fire in his heart.

004 사람을 알려면 그의 지갑, 쾌락, 그리고 불평을 보라.

To know a person, look at his wallet, pleasure, and complaints.

005 상대에게 한 번 속았을 땐 그 사람을 탓하라. 그러나 그 사람에게 두 번 속았거든 자신을 탓하라.

Blame him once you've been fooled by your opponent. But if you've been fooled twice by that person, blame yourself.

006 교훈을 따르면 복이 뒤따르고, 충고를 물리치면 재앙이 뒤따른다.

Blessings follow lessons, and calamities follow when you repulse advice.

007 나무는 그 열매에 의해서 알려지고, 사람은 그가 한 일에 의해서 평가된다.

Trees are known by their fruit, and men are judged by their work.

008 손가락이 자유롭게 움직이는 것은 가십(gossip)을 듣지 않기 위해서이다. 가십이 들리면 얼른 귀를 막아라.

The free movement of the fingers is to avoid listening to gossip. If you hear gossip, cover your ears quickly.

009 상대방의 입장이 되어 보지 않고서 함부로 남을 평가하거나 판단해서는 안 된다.

You should not judge or judge others without putting yourself in the other party.

010 꼭 알맞은 때 하는 한 마디 말이 한 푼의 가치가 있다면, 침묵은 두 푼의 가치가 있다.

If a word at the right time is worth a penny, silence is worth two cents.

사람을 대할 때 가장 중요한 것은 대화와 말이다. 나를 이해시키고 알리기 위해 가장 용이한 방법은 말이다. 하지만 말을 꺼내기는 쉽고 빠르지만, 해명하고 따지고 싶은 욕구를 참고 끝까지 경청하는 사람은 적다. 어렵기 때문이다. 실천보다 말이 쉽기 때문에 깊은 생각을 하지 않고 말부터 꺼내지만, 뱉어 버린 것을 다시 주워 담기는 어렵다. 그래서 사람들은 말 때문에 후회를 많이 한다. 후회를 적게 하는 방법은 조금만 말하고 듣는 훈련을 많이 하는 것이다.

011 당나귀는 긴 귀로 구별할 수 있고 어리석은 자는 긴 혀로 구별할 수 있다.

A donkey can be distinguished by its long ears, and a fool can be distinguished by its long tongue.

012 당신의 혀에게 "나는 잘 모릅니다."라는 말을 열심히 가르쳐라.

Teach your tongue the words "I don't know well."

013 물고기는 언제나 입으로 낚인다. 사람도 마찬가지로 입으로 걸린다.

Fish are always caught in the mouth. People also get caught with their mouths.

014 입을 다물 줄 모르는 사람은 문이 닫히지 않는 집과 같다.

A man who can't shut his mouth is like a house where the door can't be closed.

015 당신이 놓아준 새는 다시 잡을 수 있지만, 입술을 벗어난 말은 돌아오지 않는다.

The bird you let go can be caught again, but the word out of the lips never comes back.

016 두 사람이 서로 싸울 때 먼저 싸움을 포기하는 사람이 더 고상한 사람이다.

It is a more noble man who gives up the fight first when the two fight each other.

017 싸움은 하나의 개울과 같다. 작은 개울이 일단 큰 강이 되어 버리면 다시는 작은 개울로 돌아갈 수 없다.

Fighting is like a stream. Once a small stream becomes a big river, you can never go back to a small stream again.

018 말다툼할 때는 화해를 위해 문을 열어 두라.

When arguing, leave the door open for reconciliation.

019 많은 사람들 앞에서 치욕을 당하게 하는 것보다는 피를 흘리게 하는 편이 낫다.

It is better to let the person bleed than to humiliate him in front of many people.

020 이웃과 말다툼하는 사이로 살지 마라. 불화가 살인으로 이어질 수도 있다.

Don't live between arguing with your neighbor. Dissatisfaction may lead to murder.

다른 사람과 좋은 관계를 맺으려면 서로를 비교해서는 안 된다. 장점은 배우고 단점은 고쳐 주려 할 수는 있다. 하지만 내가 항상 우위에 있으려고 해서는 안 된다. 진짜 내 사람과는 기쁨도 슬픔도 있는 그대로 함께 나눌 수 있다. 그런 사람은 남과 자기 자신을 비교하지 않는다. 상대방을 있는 그대로 인정하기 때문에 모든 것을 함께 나눌 수 있는 것이다. 진짜 내 사람을 갖고 있는가? 참된 인연이야말로 인생을 성공으로 이끌 수 있는 제1의 요소이다.

1-2

시기, 질투의 덧없음에 대하여

질투는 경쟁이 있어야 생기는 감정이다. 그것이 직접적인 경쟁이든 간접적인 경쟁이든 말이다. 그리고 우리 사회는 경쟁으로 이루어졌다고 해도 과언이 아니다. 같은 대상에 대해 경쟁을 해서 지거나 혹은 남이 그저 잘되더라도 질투는 생길 수 있다. 결국 질투는 경쟁에서 졌다고 생각할 때 생기는 것이다. 남보다 잘되려는 욕구는 누구나 가지고 있기 때문에 질투는 자연스러운 감정이다. 하지만 질투만 한다면 매우 부정적인 감정이 될 수 있다. 유대인들도 이 감정에서 자유로울 수 없었다. 그러나 이 감정을 열정으로 치환하여 다스릴 수 있는 지혜를 끊임없이 탐구했다.

021 성품이 나쁜 사람은 이웃 사람의 수입에는 마음을 쓰면서 자기의 낭비에는 마음을 쓰지 않는다.

A bad-tempered man cares about his neighbor's income and doesn't care about his own waste.

022 남에게 자기를 칭찬하게 해도 좋으나, 자기 입으로 자기를 칭찬하지는 말라.

You may make a person praise you, but do not praise yourself with your own mouth.

023 남을 헐뜯는 것은 세 사람을 죽인다. 자기 자신과 상대방, 그리고 그것을 듣고 있는 사람이다.

It kills three people to speak ill of others. One who is himself, the other, and the one who is listening to it.

024 애써 높은 자리를 잡으려 애쓰지 말고 낮은 자리에서 자신의 일에 최선을 다하라. 남으로부터 '내려가시오'라는 말을 듣는 것보다는 '올라가시오'라는 말을 듣는 편이 낫다.

Don't try to get a high seat and do your best at your work in a low position. It is better to hear 'go up' than 'go down' from others.

025 신은 자기 스스로 높은 자리에 앉은 자를 낮은 곳으로 떨어뜨리며, 스스로 겸양하는 자를 높이 올린다.

God drops those who sit in high places to low places, and raises those who condescend to themselves high.

026 자신을 낮출 때만 탁월해질 수 있다.

Only when you lower yourself can you excel.

027 올바른 자는 자기의 욕망을 조정하지만, 올바르지 않은 자는 욕망에 조정당한다.

The right man adjusts his desires, the wrong man is adjusted to his desires.

028 질투는 당신의 눈을 머릿속에서 기어 나오게 만든다.

Jealousy makes your eyes crawl out of your head.

029 자기가 보는 것이 무엇인지 모른 채 막연히 바라보는 사람, 자기가 서 있는 곳이 어디인지 모른 채 우두커니 서 있는 사람, 그들은 불행하다.

Those who look vaguely without knowing what they see, those who stand tall without knowing where they stand, are unhappy.

030 자기의 직위를 사람들에게 알리려고 애쓰는 인간은, 곧 자기 인격에 상처를 입히고 있는 인간이다.

A man who tries to make his position known to the public is a man who is hurting his character.

사람의 성격을 알아볼 수 있는 지표는 그가 싫어하는 사람을 어떻게 대하는지 보는 것이라고 한다. 우리의 뇌는 우리가 자주 느끼는 감정대로 사고하게 된다. 이를 '사고 회로'라고 하는데, 질투라는 감정을 자주 느낀다면 이 또한 사고 회로로써 굳어져 작은 일에도 쉽게 질투하는 사람이 되고야 만다. 질투가 성격이 된다면, 타인은 물론 자기 자신도 매우 피곤한 인생을 살게 될 것이다. 자신의 낭비를 줄일 생각은 안 하면서 이웃의 수입을 부러워하고 시기하는 것이야말로 유대인이 말하는 '성품이 나쁜 사람'이다. 질투는 생산적이지 못한 감정이며, 반대로 스스로의 인생을 낙관적으로 여기고 만족을 아는 사람이야말로 참된 현자라고 칭한다.

031 신은 명랑한 자를 축복하신다. 낙관은 자기뿐만 아니라 남도 환하게 한다.

God bless the cheerful. The optimism brightens not only himself but others as well.

032 질투는 뼈를 썩게 한다. 질투는 쇠로 만든 이빨을 가지고 있다.

Jealousy rots the bones. Jealousy has teeth made of iron.

033 마음에 따라 사람의 모든 기관이 좌우된다. 그러므로

세상에서 가장 강한 사람은 자기의 마음을 통제할 수 있는 자다.

Every organ of a person depends on his or her mind. Therefore the strongest man in the world is the one who can control his mind.

034 사람은 자기를 부러워하는 사람에게서 쓴맛을 느끼고, 아무도 부러워하지 않으면 슬퍼한다.

A man has a bitter taste in him who envies him, and he grieves when no one is envious.

035 질투는 천 개의 눈을 가지고 있다. 그러나 하나도 바로 보지 못한다.

Jealousy has a thousand eyes. But none of them are immediately visible.

036 어둠과 싸우기보다는 불빛을 더욱 밝게 하라.

Light up the lights rather than fight the darkness.

037 인간의 모든 성질 중에서 질투는 가장 추악한 것, 허영심은 가장 위험한 것이다.

Of all human qualities, jealousy is the ugliest, vanity is the most dangerous.

038 시기심은 살아 있는 자에게서 자라다 죽을 때에나 멈춘다.

Envy grows from the living and stops when it dies.

039 배움을 얻으려 하는 사람이 현명한 사람이고, 자기 자신을 억제하는 사람이 강한 사람이며, 자기 소득에 만족을 느끼는 사람이 부자이다.

A wise man is a man who seeks learning; a strong man suppresses himself; and a rich man is a man who is content with his own income.

040 인격과 자긍심이 부족한 사람은 결코 스타일 있는 사람이 될 수 없다.

A man who lacks character and self-esteem can never be a man of style.

경쟁에서 지면 정당하게 이길 방법을 생각해야 한다. 이긴 사람을 부러워하거나 질투만 해서는 아무것도 이룰 수 없다. 질투한다는 것은 내가 부족하다는 것을 인정하는 것이다. 내가 바라는 것과 현실과의 차이가 바로 질투의 원인이기 때문이다. '부러우면 지는 거'라는 말이 있다. 부러워하거나 질투만 하지 말고 원하는 바를 이루기 위해 노력할 때 이길 수 있다. 우리의 행동과 태도에 대한 책임이 있음을 아는 것은 자신의 운명을 자유롭게 바꿀 수 있음을 의미한다고 할 수 있다. 그러니 낙관적으로 생각하고 삶에 만족하는 사람이야말로 장기적으로 보았을 때 인생의 승리자이다.

1-3

모든 이에겐 존재의 이유가 있다

때때로 살아가다 보면, 정말 한심해 보이는 사람이 눈앞에 나타나기 마련이다. 아! 저 사람은 왜 저러고 사는 걸까? 태어난 의미는 있을까? 이러한 의심은 자신도 모르게 그 사람을 판단하고 있는 것이다. 우리는 자기를 닮은 사람을 좋아한다. 비슷한 외모에 더 끌리고 같은 취향을 가진 사람을 더 좋아하기 마련인 것이다. 그렇다면 온 세상에 나와 똑같은 아바타들만 산다면 과연 어떨까? 세상이 아름다운 건 나와 다른 사람들이 있기 때문이다. 세상에 오직 한 가지 꽃만 있다면 그 꽃이 과연 얼마나 아름다울까? 탈무드에서는 타인을 존중하는 자세를 가르친다. 모든 생명이 소중하듯, 모든 사람은 소중한 가치를 지닌 존재이다. 모든 사람은 적재적소에 쓰일 수 있고, 제자리를 갖고 있다. 그 자리를 찾아 주는 것이 지혜이다.

041 위대한 학자라고 해서 상인이 될 수 없듯이 위대한 상인이라고 해서 학자가 될 수 없다.

A great merchant cannot be a scholar, just as a great scholar cannot be a merchant.

042 아무리 굵고 단단한 쇠사슬이라도 고리 한 개가 부러지면 쓸모없게 된다.

No matter how thick and hard the chain is, it becomes useless when one of the rings is broken.

043 소금을 써야 할 때 설탕을 쓸 순 없는 법이다.

You can't use sugar when you have to use salt.

044 때때로 현명한 사람이 바보 역할을 하는 것은 가치 있는 일이다.

Sometimes it is worthwhile for a wise man to play the fool.

045 가장 위대하고 귀한 재능은 모든 선한 것을 사랑하는 것이다.

The greatest and most precious talent is to love all good things.

046 신은 이야기가 듣고 싶어 인간을 만들었다.

God made man because he wanted to hear the story.

047 신이 가장 좋아하는 장소는 사람의 가슴이다.

God's favorite place is the human breast.

048 사람은 세 가지 이름을 가진다. 태어났을 때 부모가 붙여 준 이름, 친구들이 우애를 담아 부르는 이름, 그리고 자신의 생을 마감할 때 획득하는 명성이다.

A person has three names. They are the names given by parents when they were born, the names that friends call with friendship, and the fame they gain at the end of their lives.

049 신은 먼저 사람의 마음을 보시고 나서 두뇌를 보신다.

God sees the human mind first, then the brain.

050 사람은 때로는 쇳덩이보다 강하고 때로는 파리보다 약하다.

A person is sometimes stronger than a lump of iron and sometimes weaker than a fly.

사람이든 물건이든 있어야 할 곳에 있고, 해야 할 일을 할 때 가장 아름답다. 필요한 곳, 적절한 때, 적합한 사람이 그곳에 없다면 후회를 남길 수밖에 없다. 다른 역할을 해보고 싶은 충동이 들 때도 있을 것이다. 보다 명예롭게 남들의 시선을

끄는 역할을 맡고 싶을 수도 있고, 안정적인 일을 하고 싶을 수도 있다. 하지만 분명한 것은 소중하지 않은 역할은 없다는 것이다. 경중을 따지려 드는 사람들의 판단이 어리석을 뿐, 역할 자체에는 문제가 없다. 그러니 우리는 모든 사람을 평등하게 대해야 하며, 함부로 판단해서는 안 되는 것이다.

051 껍질만 보지 말라. 안에 들어 있는 것을 보라.

Don't just look at the shell. Look at what's inside.

052 가장 비싼 시계도 매시간 60분밖에 나타낼 수 없다.

Even the most expensive watches can only represent 60 minutes per hour.

053 아담도 인간에 지나지 않았다. 이 한 마디가 모든 것을 해명한다.

Adam was nothing more than a human being. This one word explains everything.

054 보리 이삭조차 서로 같은 것이 없다.

Even barley ears don't have the same thing.

055 내가 다른 사람이 되려고 한다면 누가 내가 되려고 할

것인가?

If I were to be him, who would be?

056 의견은 많지 않아도 의견의 차이는 매우 많다.

Though there are not many opinions, there are many differences.

057 사람들은 모두 다르다는 점에서 평등하다.

People are all equal in that they are all different.

058 옷으로 사람을 판단하지 말고, 개성으로 판단하라.

Don't judge a man by his clothes, judge by his individuality.

059 사람을 판단하는 것은 오직 그의 행위와 말뿐이다. 다른 사람의 의견은 거짓일 수 있다.

It is only his actions and words that judge a person. Other people's opinions can be false.

060 사람을 수염과 허리둘레로 판단한다면 염소는 세상에서 가장 현명한 동물일 것이다.

Judging a man by his beard and waist circumference, a goat would be the wisest animal in the world.

인간관계의 분쟁은 거의 대부분 서로가 다름을 인정하지 않기 때문에 생긴다. 다른 사람이 나와 똑같이 생각하고 똑같이 좋아하고 똑같이 옳아야 좋게 받아들인다. 하지만 다른 사람과 시비분별을 따지는 순간 좋은 관계는 물 건너가게 된다. 세상에는 절대적으로 옳은 사람도 절대적으로 그른 사람도 없다. 다만 서로가 다를 뿐이다. 우리는 결코 같지 않을 것이라는 사실에서 모두 같다. 우리는 모두 색과 문화가 뚜렷하고 개인적이라는 현실이 동일하다. 평판이나 재산으로 상대방을 판단하는 사람들도 많다. 하지만 그 판단은 옳지 않다. 누군가를 판단하기 위해서는 마음을 비워 선입견을 없애야 한다. 선입견을 부수면 숨어 있는 장점을 찾아낼 수 있을 것이다.

1-4

뿌린 만큼 거두는 인간관계

주변 사람들과 어떻게 될 것인지 궁금해서 점을 보러 가는 경우가 있다. 가족, 직장 상사와 동료, 사업 파트너 등 가까이 있지만 잘 모르는 사람들 때문이다. 하지만 현재 일이 잘되지 않거나 상황이 안 좋을 때에는 주변 사람들과의 관계가 좋지 않은 경우가 많다. 물론 반대로 상황이 안 좋아서 인간관계가 나빠지는 경우도 있다.

061 친구에게 속는 것보다 친구를 믿지 않는 것이 더 부끄러운 일이다.

It's more embarrassing not to trust a friend than to be fooled by a friend.

062 현명한 사람과 함께 걷는 사람이라면 누구나 현명한 사람이 될 수 있다.

Anyone who walks with a wise man can be a wise man.

063 만약 개와 함께 잔다면 벼룩과 함께 일어나게 될 것이다.

If you sleep with a dog, you will wake up with a flea.

064 천국에서 바보와 함께하는 것보다 지옥에서 현자와 함께 하는 것이 더 낫다.

Better be with the wise in hell than with the fool in heaven.

065 인생에서 우정을 없앤다는 것은 세상에서 태양을 없애는 것과 같다.

Removing friendship from life is like getting rid of the sun from the world.

066 황금은 불로 시험하고 우정은 곤경으로써 시험당한다.

Gold is tested by fire and friendship is tested by hardship.

067 진정한 행복을 만드는 것은 수많은 친구가 아니라 훌륭히 선택된 한 친구이다.

It is not a great number of friends that make true happiness, but a brilliantly chosen one.

068 오랜 벗들은 만들어지는 것이 아니다. 참나무를 심었다고 금세 그 그늘 밑에서 쉬기를 바라는 것은 헛된 일이다.

Old friends are not made. It is futile to hope that you will soon rest under the shade because you have planted oak trees.

069 나보다 나을 것이 없고 내게 알맞은 벗이 없거든 차라리 혼자 선한 생활을 하라. 어리석은 사람의 길동무가 되지 말라.

If there is nothing better than me and I do not have a suitable friend, I would rather live a good life alone. Don't be a fool's companion.

070 좋은 사람은 그가 좋은 사람이라는 사실을 제외하고서도 아무 이유 없이 동료에게 은혜를 베푼다.

A good man graces his colleague for no reason other than the fact that he is a good man.

당신을 정말로 챙겨 주고 함께하기를 원하는 좋은 친구들을 아무것도 아닌 것처럼 대하는 경우가 있지 않은가? 우리는 좋은 사람이 되는 법을 배워야 하는 것처럼 좋은 친구가 되는 방법 또한 배워야 한다. 좋은 친구는 잃어버린 후에 그의 가치를 알 수 있기 때문이다. 그래서 우정의 두 가지 요소인 존중과 신뢰를 지켜야 한다. 존중과 신뢰를 서로 지켜 간다면 인생의 많은 곤경에 처해 있을 때에도 친구는 우리를 웃게 만들 것이다.

071 똑똑한 것보다는 친절을 베푸는 것이 낫다.

Better show kindness than smart.

072 친절은 법의 시작이자 끝이다.

Kindness is the beginning and end of the law.

073 친절을 베푸는 것은 자선보다 더 크다.

Giving kindness is greater than charity.

074 다른 사람에게 친절을 베풀면 당신은 그의 윗사람이 될 것이고, 그가 당신을 위해 한 일이 있다면 당신은 그의 아랫사람이 될 것이다. 둘 다 아니면 당신은 그의 친구가 될 것이다.

Show kindness to others and you will be his superior, and if he has done anything for you, you will be his subordinate. Either way or you'll be his friend.

075 가치 있는 적이 될 수 있는 자는 화해하면 더 가치 있는 친구가 될 것이다.

Whoever can be a worthy enemy will be a more valuable friend if reconciled.

076 낯선 사람에게 친절히 대하는 것은 천사에게 친절히 대하는 것과 같다.

To be kind to a stranger is like being kind to an angel.

077 집에서 사나운 개를 키우는 사람은 친절을 내동댕이치는 자다.

A man who keeps a fierce dog at home is a man who throws away kindness.

078 아무리 작은 친절이라도 그 행동은 결코 낭비가 아니다.

No matter how small a kindness may be, the act is by no means a waste.

인간은 사회적 동물이기 때문에 주변 사람의 영향 속에서 살아갈 수밖에 없다. 좋은 사람들과 함께 있으면 좋아지고 나쁜 사람들과 함께 있으면 나빠지는 게 뻔한 이치이다. 내가 지금 불행하다면 주변 사람부터 점검해야 한다. 어떤 사람들과 지내고 있는가를 냉정하게 따져 봐야 한다는 것이다. 인간관계를 개선하기는 쉽지 않다. 대신에 주변 사람을 바꿔 보는 것은 어떨까?

1-5

성공은 관계로 이루어진다

아는 사람이 많다고 인맥을 자랑하는 사람들이 있다. 그런 사람들은 사회적으로 유명하거나 힘이 있는 사람을 동원해 간접적으로 힘을 자랑하곤 한다. 물론 그들 중에는 실제로 강한 끈이 있어 그런 인맥을 활용할 수 있는 사람도 있을 것이다. 하지만 인맥에 있어 중요한 것은 내가 아는 사람이 누구이고 얼마나 되느냐가 아니라, 나를 아는 사람이 누구이고 얼마나 되느냐이다. 성공한 사람들은 혼자만의 힘으로 모든 것을 해내지 않았다. 그렇다고 자기보다 유명하거나 힘이 있는 사람의 이름을 내세우지도 않았다. '진짜 인맥'을 동원해서 힘을 합쳐 성공한 것이다. 탈무드에서는 진정한 협동, 진정한 관계에 대해 끊임없이 상기시켜 준다.

079 만약 친구가 야채를 갖고 있으면 고기를 주어라.

If your friend has vegetables, give him meat.

080 비싼 진주가 없어지면 이것을 찾기 위해 평상시 별다른 값어치도 없는 촛불만큼 유용한 것도 없다.

When expensive pearls are gone, nothing can be more useful than a candle that is usually not worth much.

081 리더가 아랫사람이 말하는 것을 듣고 노인이 젊은이가 말하는 것에 귀를 기울이는 세계에 사는 사람은 축복받아야 할 것이다.

Anyone living in a world where a leader listens to his subordinate and the old listens to what a young man says should be blessed.

082 서로 떨어져 있으면 한 방울에 불과하지만, 함께 모이면 우리는 바다가 된다.

When we're apart from each other, it's only a drop, but when we get together, we become the sea.

083 고양이와 쥐도 먹잇감을 함께 먹고 있을 때에는 다투지 않는다.

Cats and mice do not quarrel when they are eating their prey together.

084 사람은 자신을 발견할 때까지 외로워한다.

A man is lonely until he finds himself.

085 두려움, 외로움, 불행함을 느끼는 사람을 위한 가장 좋은 치료법은 밖으로 나가는 것이다.

The best remedy for a person who feels fear, loneliness, or unhappiness is to go outside.

086 심지어 천국에서도 혼자 있는 것은 좋지 않다.

It's not good to be alone, even in heaven.

087 누구도 혼자서는 자신의 등 뒤에 있는 혹을 보지 못한다.

No one alone sees the lump behind his back.

088 넘어지는 것은 혼자서 할 수 있지만 일어나려면 다정한 손길이 필요하다.

Falling can be done alone, but it takes a friendly touch to get up.

함께한다는 것은 인생에서 가장 중요한 부분이다. 그것은 우리를 하나로 만들고, 안정감과 격려 그리고 소속감을 주며, 서로를 사랑하게 해 준다. 우리 중 누구도 우리 모두를 합친 것보다 더 똑똑하지는 못하다. 다른 사람이 할 수 없는 일을 내가 할 수 있고, 내가 할 수 없는 일을 다른 사람이 해내는 것처럼 함께라면 어느 것도 두려울 것이 없다. 불을 피우기 위해서는 반드시 두 개의 부싯돌이 필요한 것과 같은 원리라고 볼 수 있다.

089 같이 모이는 것은 시작을 의미한다. 협력해서 일하는 것은 성공을 의미한다.

Gathering together means beginning. Working together means success.

090 선량한 행위와 이웃에 대한 사랑은 다른 모든 계율을 지키는 것만큼의 가치가 있다.

Good deeds and love for neighbors are as valuable as keeping all the other rules.

091 이웃을 돕는 일에 마음을 쓰지 않는 사람은 아직까지 참된 인생을 살고 있는 것이 아니다.

He who does not care about helping his neighbors is not yet living a true life.

092 타인에게서 항상 장점을 찾도록 애써라. 그리하여 죄인을 성자로 바꾸도록 하라.

Always try to find advantage in others. So turn a sinner into a saint.

093 남을 칭찬할 줄 아는 사람이야말로 진정으로 칭찬받아야 할 사람이다.

A man who can praise others is a man who should be truly praised.

094 그 사람을 모른다면 그의 친구를 보라.

If you don't know him, look at his friend.

095 충실한 친구는 강력한 방패다. 그런 친구는 보물과도 같다.

A faithful friend is a powerful shield. Such a friend is like a treasure.

096 나보다도 상대방을 생각하는 우정은 어떠한 어려움도 뚫고 나아간다.

Friendships that think of others rather than me go through any difficulties.

097 함께 웃고 울었던 사람들은 더이상 낯선 사람들이 아니다.

The people who laughed and cried together are no longer strangers.

098 갈대는 약하고 쉽게 부러진다. 그러나 여러 개를 함께 묶으면 꺾이지 않는다.

Reeds are weak and break easily. But if you tie them together, they won't break.

인맥이 필요한 것은 정신적이든 물질적이든 교류와 도움

을 주고받기 위해서이다. 단지 안면이 있고 안다고 해서 그런 일이 일어나지는 않는다. 사회적으로 강력한 인맥은 어려울 때 서로 도와줄 수 있는 인맥이다. 이런 인맥은 내가 먼저 도움을 줄 때 만들 수 있다. 내게 필요한 사람만 찾지 말고 나를 필요로 하는 사람을 먼저 찾아야 한다. 도움을 받기보단 도움을 줄 생각으로 인맥을 다스리는 것이 소중한 지혜이다. 힘을 합치기 위해서는 희생도 할 수 있어야 하고, 도움이 필요한 사람에게 먼저 도움을 주어야 협동이 이루어질 것이다.

1-6

외모가 아닌 내면을 보는 지혜

세상에는 본질이라는 것이 있다. 사람에게는 외모뿐만 아니라 내면이 있다. 우리가 좋은 관계를 맺고, 좋은 인연을 만들기 위해서는 보는 눈이 있어야 한다. 이때 보는 눈이란, 외모만이 아니라 사람의 내면을 꿰뚫어보는 눈이다. 겉은 소박할지라도 내면이 깊고 가치 있는 사람이 있고, 겉은 화려한데 아무런 도움이 되지 못하는 사람이 있기 마련이다. 전자인 사람들을 일찍이 알아보고 관계를 잘 꾸려 나가는 사람이 현명한 사람이다.

099 항아리를 보지 말고 그 안에 든 것을 보아라.

Don't look at the pot, but look at what's in it.

100 지혜로운 사람은 본 것을 이야기하지만, 어리석은 사람은 들은 것을 이야기한다.

A wise man tells what he sees, but a foolish man tells what he hears.

101 고양이로부터 겸허함을 배울 수가 있으며, 개미로부터 정직함을 배울 수가 있고, 비둘기로부터 정절을 배울 수가 있으며, 수탉으로부터는 재산의 권리를 배울 수가 있다.

You can learn humility from cats, you can learn honesty from ants, you can learn chastity from pigeons, and you can learn property rights from roosters.

102 남 앞에서 부끄러워하는 사람과 자기 앞에서 부끄러워하는 사람 사이에는 커다란 차이가 있다.

There is a great difference between a person who is ashamed in front of others and a person who is ashamed in front of oneself.

103 눈이 보이지 않는 것보다 마음이 보이지 않는 쪽이 두렵다.

I am afraid of the invisible side rather than the invisible eyes.

104 진실 없는 평화는 거짓 평화다.

Peace without truth is a false peace.

105 친절과 진실은 당신을 저버리지 않을 것이다.

Kindness and truth will not abandon you.

106 정직한 사람을 가려낼 수 있는 한 가지 방법이 있다. "당

신은 정직한 사람입니까?"라는 물음에 "그렇다"라고 대답한다면 그는 정직하지 못한 사람이다.

There is one way to sort out honest people. To the question "Are you an honest man?" if you answer "Yes," he is an dishonest.

사람을 외모로만 판단한 경험이 있는가? 많은 사람이 외모로 사람을 판단한다. 물론 좋은 의복, 좋은 외모는 사람들의 호감을 사기에 필요한 요소이긴 하다. 하지만, 태어날 때부터 정해지는 외모가 그 사람의 많은 것을 보여 주는가? 겉으로는 무뚝뚝해 보이는 사람도 한없이 다정할 수 있고, 겉으로 상냥한 사람이 속으로는 무슨 생각을 하는지 우리는 알 수 없다. 사람은 진실되어야 하고, 진실된 관계를 맺기 위해서는 겉이 아닌 속을 보아야 한다. 과연 우리는 사람을 사귈 때 겉이 아닌 속을 보고 있는가?

107 진실은 물 위의 기름처럼 위로 떠오른다.

Truth rises like oil on water.

108 자랑의 결말에는 증오가 남는다.

Hatred remains at the end of bragging.

109 인내심 강한 사람이 자부심 강한 사람보다 낫다.

A patient man is better than a proud man.

110 인내심 강한 사람이 스승이 될 것이다.

A patient man will be a teacher.

111 당근은 어디를 잘라도 당근이다.

Carrots are carrots wherever you cut them.

112 요리는 냄비 안에서 만들어지는데 사람들은 접시를 칭찬한다.

Cooking is made in a pot, but people praise dishes.

113 얹을 물건보다 더 비싼 선반을 만들지 말라.

Don't make a shelf that's more expensive than what you want to put on it.

114 물고기가 잡히는 것은 낚시꾼이나 낚싯대 때문이 아니다. 미끼로 달려 있는 벌레 때문이다.

It is not because of anglers or fishing rods that fish are caught. It's because of the bug attached as bait.

감각과 외관, 본질과 존재 가운데 우리가 자신의 감각으로 보는 세계는 마음의 눈으로 보는 세계와 많이 다르다. 우리의 감각은 외모의 세계만을 인식하지만, 본질은 존재의 더 깊은 층을 감지한다. 목표를 가지는 것보다는 이해하고 받아들이는 것이 사람의 내면과 본질을 꿰뚫어볼 수 있는 방법이다. '이해'야말로 궁극적인 목표가 되어야 한다. 그것만이 문제를 해결할 수 있는 실마리를 풀어 주기 때문이다.

1-7

네 이웃을 사랑하라는 가르침

탈무드, 유대인의 가르침은 곧 성경에서 출발한다. 성경에는 '네 이웃을 사랑하라.'라는 메시지를 강조하는 구절이 있다. 이웃이란 함께 나누는 사이이다. 무조건 가까이 있다고 해서 이웃이 되는 것이 아니고, 먼 곳에 있다고 해서 이웃이 아닌 것도 아니다. 즐거움과 아픔을 함께 나눌 때 비로소 우리는 이웃이 될 수 있다. 세상은 협력하는 자가 승리한다. 세상에 혼자서 해낼 수 있는 일이란 거의 없을 것이다. 인간관계에 있어 명심해야 할 대목은 유대인의 기초 교육에서부터 드러난다. 남을 헐뜯지 말 것이며, 지혜를 나눌 수 있는 자와 친목을 다져야 하고, 어떻게 가족과 친구에게 옳은 방향으로 노력해야 하는지 알려준다.

115 슬기로운 자와 벗하면 자연히 현명해지고, 어리석은 자와 벗하면 기필코 해를 입는다.

Friends with a wise person will naturally become wise, and friends with a foolish person will surely harm.

116 그 사람의 입장에 서기 전에는 절대로 그 사람을 욕하거나 책망하지 말라.

Never speak ill of or blame him until you stand in his shoes.

117 상대방의 입장에 서지 않고 상대방을 판단하는 것은 오류다.

It is an error to judge an opponent without standing in the other party's position.

118 강한 사람이란 자기를 억누를 수 있는 사람과 적을 벗으로 바꿀 수 있는 사람이다.

A strong man is a man who can suppress himself and turn his enemies into friends.

119 나는 나의 스승들에게서 많은 것을 배웠다. 그리고 내가 벗 삼은 친구들에게서 더 많은 것을 배웠다. 그러나 내 제자들에게선 훨씬 더 많은 것을 배웠다.

I learned a lot from my teachers. And I learned more from my friends. But I learned a lot more from my students.

120 너를 칭찬하고 따르는 친구도 있을 것이며, 너를 비난하고 비판하는 친구도 있을 것이다. 너를 비난하는 친구와 가까이 지내도록 하고 너를 칭찬하는 친구를 멀리하라.

There will be friends who praise and follow you, and there will be friends who criticize you. Stay close to friends who criticize you and stay away from friends who praise you.

121 당신의 친구가 당신에게 있어서 벌꿀처럼 달더라도 전부 핥아먹어서는 안 된다.

Even if your friend is as sweet as honey to you, you shouldn't lick it all.

122 벗이 화내고 있을 때에는 달래려고 하지 말라. 그가 슬퍼하고 있을 때에도 위로하지 말라.

When your friend is angry, don't try to soothe him. Don't console him even when he is grieving.

123 친구는 기쁨을 배로 늘리고 슬픔은 반으로 줄인다.

Friend doubles pleasure and reduces sorrow in half.

124 배우자를 고를 때에는 계단을 한 걸음 내려가고, 벗을 고를 때에는 계단을 한 걸음 올라가라.

Take a step down the stairs when you choose your wife, and take a step up the stairs when you choose your friends.

당신을 정말로 위하는 친구가 있더라도 당신이 그들을 아무것도 아닌 것처럼 대한다면 그 관계는 이어지기 어려울 것이다. 우리는 좋은 친구가 되는 방법을 배워야 한다. 좋은 친구는 잃은 후에야 그 가치를 알 수 있기 때문이다. 그래서 존중과 신뢰를 지키는 우정을 배워야 한다. 존중과 신뢰를 서로 지켜 갈 때, 비로소 참된 우정으로 고난을 함께 극복해 가는 관계를 가질 수 있는 법이다.

125 자기 자신의 일만을 생각하고 있는 인간은 자기 자신이 될 자격조차 없다.

A man who thinks only of his own affairs does not even deserve to be himself.

126 전 인류는 오직 한 조상만 갖고 있다. 그러므로 어느 인간이 어느 인간보다 뛰어난 법은 없다.

All mankind has only one ancestor. Therefore, no man is better than any man.

127 만약 당신이 한 사람의 인간을 죽였다고 한다면 그것은 전 인류를 죽인 것과 똑같다. 마찬가지로 한 사람의 목

숨을 구하면 그것은 전 인류의 목숨을 구한 것과 똑같은 것이다.

If you killed a human being, it's the same as killing an entire human being. Likewise, saving one's life is the same as saving the lives of all mankind.

128 친구가 없어도 혼자 일을 해 나갈 수 있다고 생각하면 잘못이다. 그러나 친구가 없으면 혼자서 일을 처리할 수 없다고 생각하는 것은 대단히 잘못된 생각이다. 그리고 자기가 없으면 친구가 일할 수 없다고 생각하는 것은 더욱 큰 잘못이다.

It's wrong to think that you can work alone without friends. But it's very wrong to think that you can't handle things by yourself without friends. And it is even more wrong to think that a friend cannot work without you.

129 친구에는 세 가지 종류가 있다. 첫째는 음식과 같은 친구로 매일 빠져서는 안 된다. 둘째는 약과 같은 친구로 이따금 있어야만 한다. 셋째는 병(病)과 같은 친구로서 이를 피하지 않으면 안 된다.

There are three kinds of friends. The first should not be missed every day as a friend like food. Second, you have to be friends like medicine from time to time. Third, you have to avoid it as a friend like illness.

130 우정은 자신에 대하여 행하는 행복하고도 자유로운 약속이다. 그것은 자연의 공감을 불변의 친화로 바꾼다. 그것은 정념이나 이해관계나 경쟁심이나 우연을 미리 초월하고 있다.

Friendship is a happy free commitment to oneself. It turns nature's empathy into an immutable friendliness. It transcends the spirit, interests, rivalry, and coincidence in advance.

131 한 개의 촛불로 많은 양초에 불을 붙일지라도, 처음 양초의 불빛은 흐려지지 않는다.

Although many candles are lit with one candle, the first candle's light does not fade.

132 결점이 없는 친구를 사귀려고 애쓰다 보면 평생 친구를 갖지 못할 것이다.

If you try to make friends without flaws, you won't have friends for life.

133 남을 행복하게 만들어 주는 것은 향수를 뿌려 주는 것과 같다. 뿌릴 때 자신에게도 몇 방울은 튄다.

Making others happy is like spraying perfume. When sprinkled, a few drops also appear on oneself.

134 지금 힘이 없는 사람이라고 우습게 보지 마라. 힘없고 어려운 사람은 백 번 도와줘라. 그러나 평판이 좋지 않은 사람은 경계하라.

Don't take it lightly as a person who is powerless now. Help a hundred times if he is powerless and in need. But watch out for those who have a bad reputation.

인간은 가장 이기적인 동물이다. 인간은 다른 동물과는 달리 감정을 가지고, 그 감정을 항상 자신에게 유리한 방향으로 표출한다. 자선활동이나 기부와 같은 이타적인 행동도 그 바탕에는 자신을 위한 이기적인 감정이 자리 잡고 있다고 하면 억지일까? 그런 우리가 다른 사람의 공격을 받는다면 어떤 반응을 보이게 될까? 내가 옳고 다른 사람은 틀렸다고 판단하는 것은 다른 사람을 공격하는 것이다. 우리는 누구나 자신이 옳다고 생각하기 때문이다. 하지만 판단은 나만 하는 것이 아니다. 다른 사람도 나를 판단한다. 다른 사람을 좋게 판단하면 그도 나를 좋게 판단할 것이고 그렇지 않으면 반대가 될 것이다. 그러니 남을 판단할 때는 꼭 좋게 해야 한다. 아니면 어떤 판단도 하지 않는 것이 차라리 나을 것이다.

1-8

평화로운 가정을 만드는 법

사람은 태어나서 독립된 인간으로 살아갈 수 있을 때까지 가족의 보호가 필요하다. 학습을 통해 뇌가 기본적으로 성장하는 것이 5살 정도까지이기 때문에 출생 초기의 정서적 경험은 더욱 중요하다. 이 시기의 불행한 경험으로 인해 성인이 되어 정서적 장애를 겪거나 범죄자까지 되는 것을 흔히 볼 수 있다. 한편 가족의 사랑을 듬뿍 받은 사람은 다른 사람을 사랑할 줄 아는 사람으로 성장한다. 가정을 이루는 것은 의자, 책상, 소파가 아니라 소파에 앉은 어머니의 미소다. 가정을 이룬다는 것은 푸른 잔디와 화초가 아니라 잔디밭 위에서 터져 나오는 아이들의 웃음소리이다. 행복한 가정은 곧 사랑이 충만한 곳이다.

135 가정에서 부도덕한 일을 하는 것은 벌레 먹은 과일과 같다. 그것은 알지 못하는 사이에 퍼져 나간다.

Doing immoral things at home is like bug-eaten fruit. It spreads unknowingly.

136 사람들에게 자신감을 갖게 하는 세 가지가 있다. 그것은 좋은 가정, 좋은 배우자, 좋은 의복이다.

There are three things that make a man feel confident. It's a good family, a good wife, a good dress.

137 자식이 어릴 때에는 엄히 가르치는 것이 맞지만 자식이 부모를 두려워할 정도로 가르치는 것은 옳지 못하다.

When a child is young, it is right to teach strictly, but it is not right for a child to be afraid of his or her parents.

138 가정에서 마음이 평화로우면 어느 마을에서든 축제처럼 즐거운 일들을 발견한다.

When you are at peace in your home, you find joyful things like a festival in any village.

139 그의 가족과 함께 있을 때 남자의 기쁨은 가장 크다.

A man's pleasure is greatest when he is with his family.

140 형제는 수족과 같고 부부는 의복과 같다. 의복이 해어졌을 경우 다시 새것을 얻을 수 있으나, 수족이 끊어지

면 잇기가 어렵다.

Brothers are like limbs and couples are like clothing. If you break up, you can get a new one again, but if your limbs are broken, it's hard to connect.

141 가정은 지혜로 지어지고, 이해로 견고해진다.

The house is built with wisdom, and solidified by understanding.

142 부모의 인생은 자식들이 성장해 집을 떠나고 기르던 개가 죽고 나면 비로소 시작된다.

Parents' lives begin only after their children grow up and leave their homes and their dogs die.

143 인간이 바꾸려 해도 바꿀 수 없는 것이 하나 있다. 그것은 자기의 부모다.

There is one thing that humans can't change even if they try to. It is one's own parent.

144 만약 당신이 부모를 존경하지 않는다면 당신의 아이들도 부모를 존경하지 않을 것이다.

If you don't respect your parents, neither will your children.

가정은 누구에게나 제일 안전한 피난처이다. 가정은 고달픈 인생의 쉼터이자 의지와 축복의 샘터이다. 또한 가정은 우리에게 대지와 같다. 거기에서 우리의 정신적 양분을 섭취하기 때문이다. 아버지의 왕국이자 어머니의 영토이자 아이들의 보금자리인 가정은 안심하고 모든 것을 맡길 수 있으며, 서로 의지하고 사랑하며 사랑받는 곳이다. 가정은 우리에게 있어서 삶의 보물 상자가 되어야 한다. 그러한 유구한 가르침은 오랫동안 이어져 화목한 가정을 이루기 위한 노력으로 드러나고 있다.

145 세상 무엇과도 바꿀 수 없는 것이 있다면 그것은 젊을 때 결혼하여 살아온 늙은 배우자이다.

If there is anything that cannot be exchanged for anything in the world, it is an old wife who has been married and living when she was young.

146 세상에서 가장 행복한 사람은 좋은 배우자를 얻은 사람이다.

The happiest man in the world is the one who has a good wife.

147 신은 아내의 눈물을 세신다.

God counts his wife's tears.

148 품위 있는 사람은 배우자도 품위 있게 만든다.

A decent wife makes her husband decent, too.

149 신은 모든 곳에 계실 수 없어서 어머니를 만드셨다.

God could not be everywhere, so he made his mother.

150 어머니는 자녀가 말하지 않는 것도 다 알고 있다.

Mothers know that their children don't talk.

건강한 가족은 구성원 모두가 정서적으로 안정되어 있고 서로에게 힘이 되고 위로가 되는 관계로 이루어져 있다. 부모도 한 인간이기 때문에 정서적 고통을 겪을 수 있고 때로는 자녀에게 기대고 위로받고 싶은 것이 사실이다. 부모의 자식에 대한 일방적인 관계가 아닌 서로 조건 없는 사랑의 관계가 이루어질 때 그 가족은 진정으로 행복한 가족이 될 수 있다. 행복한 가족을 위해서라면 자녀에게 부모로서의 고충도 적극적으로 알려야 하지 않을까?

"나만의 탈무드 명언 필사 노트"

앞서 읽은 구절 중 나의 것으로 만들고 싶은 명언이 있다면, 핸드폰으로 찍은 후 직접 손으로 옮겨 적어 나만의 탈무드를 만들고 개인 SNS에 올려 보세요.

1.

2.

3.

4.

5.

6.

7.

#유대인탈무드명언 #탈무드인생습관 #나만의탈무드필사노트

PART 2

부를 만드는 유대인들의 생활 철학

사람의 욕망에 의한 물질적인 만족은 어렵게 얻은 것이라도 오래가지 못한다. '쾌락적응'으로 인해 항상 한 단계 더 높은 욕구가 일어나기 때문이다. 진정으로 가치 있는 것은 그것을 얻거나 소유했을 때보다 그것을 얻기 위해 노력하는 과정에서 최대의 가치를 느낄 수 있다. 연애의 뜨거운 감정은 연애 중에 가장 높게 올라간다. 특별한 경우가 아니면 결혼 후에는 그런 수위의 감정은 느낄 수 없을 것이다. 이와 같이 부자가 되기 위해서는 탐욕을 버려야 한다. 정직한 노동을 통해 얻은 부야말로 무엇과도 바꿀 수 없는 소중한 재산이 된다.

2-1

우리는 돈을 왜 벌어야 하는가

대단한 흥분과 성취감을 주는 취미가 없는 것은 아니다. 등산, 낚시, 골프, 골동품 수집, 스킨스쿠버 같은 취미는 상당한 비용과 노력이 필요한 것들이다. 하지만 그러한 취미를 일처럼 계속할 수는 없다. 타이거 우즈는 골프가 일이니 매일 골프를 하는 것이지 일반인이 취미로 매일 골프를 친다면 얼마 지나지 않아 질리게 될 것이다. 노동은 우리의 의식주를 위한 행위일 뿐만 아니라 자기계발과 자아성찰에 필요하다. 일은 사회생활을 하게 만들어 주고, 생산성을 줌으로써 삶에 의욕을 더해 준다. 돈을 버는 것은 그런 것이다.

151 장사는 갖고 있는 물건을 필요로 하는 사람에게 파는 것이 아니라 갖고 있지 않은 물건을 필요치 않은 사람에게 파는 것이다.

A business is not to sell the goods you have to someone who needs them, but to someone who doesn't need them.

152 의지가 아니라 돈이 돈을 끌어당긴다.

Money attracts money, not will.

153 요행이 아니라 지혜를 통해 부를 쌓으라.

Use your wisdom to build up wealth without luck.

154 돈의 가치를 알고 싶으면 돈을 빌리러 가 보라.

If you want to know the value of money, go borrow it.

155 현금을 갖고 있는 사람이 우위에 있다.

The person with the cash has the upper hand.

156 당신이 웃을 줄 모르는 사람이라면 가게를 열어서는 안 된다.

You shouldn't open a shop if you don't know how to laugh.

157 자식에게 노동을 가르치지 않는 아버지는 도둑이 되라고 가르치는 것과 마찬가지다.

A father who does not teach his child labor is like teaching him to be a thief.

158 당신의 수고로 노동의 결실을 맛보게 된다면 당신은 성

공하게 될 것이다.

You will succeed if you taste the fruits of your labor through your hard work.

159 정말 위대하고 감동적인 모든 것은 자유롭게 일하는 사람들이 창조한다.

Everything that is really great and touching is created by people who work freely.

160 같은 민족이든지, 외국인이든지 가난하고 궁핍한 노동자를 그 사회에서 학대하지 말라. 해가 지기 전에 반드시 당일 임금을 지불해야 한다. 그들은 가난하고 그것에 의지하기 때문이다.

Do not abuse poor and destitute workers in the society, whether of the same people or foreigners. You must pay day's wages before sunset. Because they are poor and depend on it.

어떤 사업을 하든 어떤 일을 하든 간에 성공은 목표를 찾아서 그것을 달성하는 데 있다. 실제로 이 말은 모든 성공적인 기업이나 개인의 생활과 관련이 있다. 사업의 성공은 대부분 다른 사람들의 생각을 짐작하는 능력에 달려 있기 때문이다. 성공한 사업가들은 언제나 사람에 대한 관찰과 접근을 게을

리하지 않았다. 사업의 목적에 대한 올바른 정의는 단 하나밖에 없다. 그것은 고객 창조이다.

161 사막에 살았던 우리의 조상들은 이집트에서 먹었던 맛있는 생선은 기억하지만 거기서 행한 고된 노동은 잊었다.

Our ancestors who lived in the desert remembered the delicious fish they had eaten in Egypt, but forgot the hard labor done there.

162 젊은이들이 나타나서 갑자기 일터를 차지하고 자신의 습관과는 전혀 다르게 일하는 모습을 보게 될 때 자신이 늙었다는 것을 깨닫게 된다.

When young people appear and suddenly take up a job and see them work completely different from their habits, they realize that they are old.

163 아무리 보잘것없어 보여도 일을 하지 않으면 굴욕적인 것이다.

No matter how insignificant it may 2-seem, it's humiliating if you don't work.

164 우리가 하는 노동의 가치는 그에 대한 보상으로 주어지는 돈의 가치와는 비교할 수 없는 고귀한 것이다.

The value of labor we do is no match for the value of money given as a reward for it.

165 노동은 사람에게 존엄성, 품위, 건강함을 증명하게끔 한다.

Working requires a person to prove dignity, elegance and health.

166 부지런히 일하는 사람들이 있기에 온 세상이 멈추지 않고 있으며, 현재와 미래가 존재하는 것이다.

The whole world is not stopping because there are people who work diligently, and the present and the future exist.

167 일은 마지못해 하면 노동이 되지만, 일을 사랑하면 놀이가 된다.

Work becomes labor when reluctantly done, but love it becomes play.

168 노동 없이 우리의 삶은 불가능하다.

Our lives are impossible without labor.

169 노동은 비록 고통스럽지만 인간은 비전을 세우고 그것을 달성하기 위해 노동의 수고를 아끼지 않을 때 행복해진다.

Although labor is painful, it becomes happy when humans set up a vision and spare no effort to achieve it.

170 노동하지 않고 일을 외면하면 영혼이 황폐하게 되어 살아 있으나 죽은 사람이 될 것이다.

If you turn away from work without labor, your soul will be devastated and you will be alive but dead.

일을 취미처럼 한다면 재미가 있겠지만 취미를 일처럼 한다면 금방 지겨워질 것이다. 그런데 이 둘이 바뀐다면 문제다. 주중에 일은 열심히 하지 않고 주말에 취미생활에만 빠진다면 어떻게 될까? 일을 통해 얻을 수 있는 큰 성취감을 회피하고 취미를 즐기며 느끼는 작은 즐거움에 만족하게 된다면 분명 일에서 문제가 발생할 것이다. 물론 일만 계속할 수는 없다. 취미를 잠깐 기분을 전환하는 청량제로 생각하는 것도 필요하다. 여름이 덥다고 마냥 휴가를 즐겨서는 안 되는 것과 마찬가지이다.

2-2

돈을 대하는 마음가짐

유대인은 아주 어릴 때부터 경제관념에 대한 교육을 받는다. 실제로 돈을 써 보고, 잃어 보고, 벌어 보는 경험을 통해 체득되는 마음가짐이 있기 때문이다. 이 마음가짐과 돈에 대한 가치관 형성을 위해 전해져 내려오는 가르침에는 여러 가지 유형이 있다. 첫 번째로는 탐욕을 버리는 것이고, 두 번째로는 절약하는 것이다. 이때 절약은 무턱대고 쓰지 않는 것이 아니다. 탈무드에서는 적재적소에 돈을 쓰는 것이 지혜라고 가르친다. 돈이란 무릇 올바른 곳에 써야 후회를 남기지 않는 법이다.

171 돈은 사업을 위해 쓰여야 할 것이며, 술을 위해 쓰여야 할 것은 아니다.

Money will have to be used for business, not for alcohol.

172 돈은 악이 아니며, 저주도 아니다. 돈은 사람을 축복하는 것이다.

Money is not evil, nor is it a curse. Money is to bless a man.

173 돈은 신으로부터의 선물을 살 기회를 준다.

Money gives you a chance to buy gifts from God.

174 돈을 빌려준 사람에 대해서는 화를 참아야만 한다.

You have to hold your temper against the person who lent you the money.

175 돈이나 물건은 그냥 주는 것보다 빌려주는 쪽이 낫다. 그냥 얻으면, 얻은 쪽은 준 사람보다 밑에 있지 않으면 안 되지만, 빌려주고 빌린다면 대등하게 대할 수 있다.

It's better to lend money or things than just give them away. If you just get it, the side you get should be below the person you give, but if you lend it and borrow it, you can treat it equally.

176 동물은 자기와 같은 종류의 동물들과만 생활한다. 늑대가 양과 섞일 리 없고, 하이에나가 개와 섞일 수 있을까? 부자와 가난뱅이도 그와 마찬가지이다.

Animals live only with animals of the same kind as themselves. Wolves can't with the sheep, can hyenas with dogs? The same is true of the rich and the poor.

177 좋은 단지를 가지고 있다면 오늘 사용하라. 내일이면 깨져 버릴지도 모른다.

If you have a good jar, use it today. It may break tomorrow.

178 인간은 세 가지 벗을 가지고 있다. 아이, 부(富), 선행이다.

Man has three friends. Child, wealth, good deeds.

우리는 감정의 상태인 가난과 물리적 상태인 궁핍의 의미를 정확히 구분할 필요가 있다. 가난은 충분히 극복할 수 있는 감정일 뿐이다. 가난을 극복했다고 해서 궁핍이 해결되는 것은 아니지만, 꼭 필요한 것이 없다고 해서 궁핍하다고 표현하지는 않는다. 우리는 궁핍한 생활을 면하기 위해 노동을 하는 것이다. 그 노동을 어떻게 지혜롭게 활용해야 하는지, 또한 가난을 어떤 마음으로 경계해야 하는지 알아야 한다.

179 항아리 속에 든 한 개의 동전은 시끄럽게 소리를 내나, 동전이 가득 찬 항아리는 조용하다.

One coin in a jar makes a loud noise, but the jar full of coins is quiet.

180 남의 자비로 사는 것보다 가난한 생활을 하는 편이 낫다.

Better live a poor life than live at the mercy of others.

181 재산을 많이 가지고 있으면 이에 따라 걱정거리도 늘지만, 재산이 아주 없으면 걱정거리는 더 많아진다.

If you have a lot of property, your worries increase accordingly, but if you don't have a lot of property, you have more.

182 가난한 사람은 네 계절밖에 고생하지 않는다. 봄, 여름, 가을, 겨울이다.

The poor suffer only in four seasons. It is spring, summer, fall, and winter.

183 의학도 가난을 치료할 수는 없다.

Medical science can cure all but poverty.

184 가난을 견딜 미모는 없다.

There is no beauty to bear poverty.

185 가난을 쫓아낼 수는 없으나 가난을 걱정하는 마음을 몰아내면 마음은 언제나 안락한 집에 살게 된다.

You can't drive out poverty, but if you drive out poverty concerns, the mind will always live in a comfortable home.

186 저울의 한쪽에 모든 다른 고통을 놓고, 다른 쪽에 가난

을 놓으면 가난이 더 무거울 것이다.

Placing all the other pains on one side of balances and placing poverty on the other would be heavier.

187 가난은 수치가 아니다. 그러나 명예라고도 생각지 말라.

Poverty is not a shame. But don't even think of it as an honor.

많은 재산을 가지고 있으면서도 영혼이 가난하고 행복하지 못한 사람들이 있다. 그런가 하면 현실은 가난하지만, 일과 생활의 즐거움으로 가득 차 있는 사람들이 있다. 진정한 빈곤은 불안, 나태함, 우울 그리고 무감각과 같은 실패자의 습관으로부터 오는 것이다. 재산보다 중요하고 육체적인 건강보다 중요한 것은 정신이다. 모든 풍요를 가져오는 것과 병을 극복하려는 의지도, 재정적으로 곤란한 시기를 이겨 내는 것도 정신을 통해서다.

2-3

탐욕은 영혼을 썩게 만든다

정도를 넘지 않도록 알맞게 조절하거나 제어하는 것이 절제이다. 우리 삶에 있어서 브레이크 장치와도 같은 절제가 사라지면, 인간은 탐욕을 주체하지 못해 파멸에 이르고 말 것이다. 인간이 절제해야 할 이유는 목표가 있기 때문이다. 우리의 최종적인 목표는 행복한 삶이지, 오로지 돈을 버는 것만이 목표는 아니다. 불필요한 곳에 에너지가 낭비되는 것을 막고 한 곳에 집중함으로써 목표를 이뤄 나갈 수 있게 하는 것이 바로 절제이다. 우리는 부에 대한 욕망을 버려야만 진정한 가치를 지닌 부를 이루게 된다.

188 돈에 대한 탐욕은 영혼을 썩게 한다.

Greed for money rots the soul.

189 신께서 말씀하셨다. "악인들의 배는 찰 줄 모른다."

God said. "The wicked never know how to fill their stomachs."

190 명예는 많은 재산보다 소중하고, 존경받는 것은 금은보다 값지다.

Honor is more precious than wealth, and esteem is more valuable than gold and silver.

191 만족은 결과가 아니라 과정에서 온다. 노동 없는 돈은 만족을 주지 못한다.

Satisfaction comes not from results but from processes. Money without labor does not give satisfaction.

192 눈은 흔들리는 것에 만족하지 못하고, 귀는 듣는 것에 만족하지 못한다.

Eyes are not content with shaking, ears are not content with listening.

193 돈을 사랑하는 사람은 얼마나 많은 돈을 가지고 있든지 결코 만족하지 못할 것이다.

A money lover will never be satisfied no matter how much money he has.

194 사람은 만족을 얻을 수 있는 장소에 대해 감사해야 한다.

A person should be grateful for a place where satisfaction can be obtained.

195 풍족한 사람이란 자기가 갖고 있는 것으로 만족할 수 있는 사람이다.

A rich man is a man who can be satisfied with what he has.

196 당신이 만족을 찾는 곳마다 악마가 화를 낸다.

Everywhere you find satisfaction, the devil gets angry.

197 만약 당신의 영혼을 통제하고 싶다면 당신의 지성에게 선물로 건네주라.

If you want to control your soul, give it to your intellect as a gift.

행복이란 스스로 만족하는 것에 있다. 남보다 나은 점에서 행복을 구한다면 영원히 행복하지 못할 것이고, 돈에 대한 탐욕은 만족을 주지 않아 더 큰 탐욕만 불러일으킬 것이다. 그리고 그 탐욕은 타인과의 불화를 빚어내 결국 불행하게 만들 것이다. 누구든지 남보다 한두 가지 나은 점은 있지만, 열 가지 전부가 다 남보다 뛰어날 수는 없다. 그렇기 때문에 행복이란 남과 비교해서 찾을 것도 아니고, 탐욕을 멈추는 방법은 스스로의 삶에 만족하는 태도로 임하는 것이다.

198 누가 가장 똑똑한 사람인가? 모든 사물에서 무엇인가를 배울 줄 아는 사람이다. 누가 강한 사람인가? 자기 자신

을 절제할 수 있는 사람이다.

Who is the smartest person? A man who can learn something from everything. Who is a strong man? It's a strong man who can control himself.

199 진정한 영웅은 욕망을 정복한 사람이다.

A true hero is a man who has conquered desires.

200 사람이 자신의 화도 다스리지 못한다면 어떻게 다른 사람을 다스릴 수 있을까?

If a man can't control his anger, how can he rule others?

201 어떤 동아줄이라도 너무 세게 잡아당기면 끊어져 버린다.

Any rope will break if you pull it too hard.

202 값비싼 유리잔은 너무 찬 것을 넣어도, 너무 뜨거운 것을 넣어도 깨져 버린다.

Expensive glasses break apart if you put too cold or too hot.

203 자신감, 후회, 술, 섹스는 적당한 양으로 도에 지나치지 않으면 활력이 된다.

Self-confidence, remorse, alcohol, and sex are vital if you don't go too far in the right amount.

204 자제력이 없는 사람은 성벽이 무너지고 도시가 습격당하는 것과 같다.

A man without self-control is like a castle wall collapsing and a city being attacked.

205 의지의 주인이 되고, 양심의 노예가 되어라.

Be the master of will, be the slave of conscience.

206 마음이 먼 것보다는 차라리 눈이 먼 것이 낫다.

It is better not to see the eyes than not to see the mind.

207 자신이 가진 돈을 더 불릴 수 있을까? 그럴 수 있다. 쓰지 않으면 된다.

Can you make more money that you have? There is. As long as you don't spend.

사람들은 남들보다 더 벌어서 더 누리려고 애를 쓴다. 그렇게 더 누려야 행복하다고 여긴다. 하지만 좀 더 쉽게 행복해지는 법이 있다. 그것은 바로 절약이다. 돈을 쓰는 것은 끝이 없고, 벌면 된다고 안일하게 생각하다 보면 사람은 점점 소비에 잡아먹히게 된다. 돈에 대한 탐욕만 버려도 삶은 훨씬 더 평온해질 수 있다. 무한 경쟁 사회에서 벗어나 지금 가진 것에 만족하자. 그것이 탈무드에서 말하는 '행복으로의 한 걸음'이다.

2-4

끝없는 욕심에서 벗어나는 법

이 세상에 태어나 얻는 모든 것들은 언젠가는 모두 잃을 것들이다. 그것이 돈이나 집, 자동차와 같은 물건이든 지위나 권력, 명예와 같은 것이든 결국엔 모두 나에게서 떨어져 나갈 것들이다. 그러니 그것들은 처음이나 끝이나 결코 내가 아닌 것들이다. 그런데 이런 것들을 얻고 소유하면서 집착이 생기고 나와 동일시하게 된다. 문제는 인생에서 이런 덧셈만 일어날 수는 없다는 것이다. 계속해서 더하는 것만 바란다면 그 욕심에서 벗어나지 못하고 큰 것을 잃을 수도 있다. 탈무드에서는 그것을 알고 욕심을 버리는 법을 알려준다.

208 훌륭한 사람은 자신의 욕망을 지배하지만, 어리석은 사람은 욕망에 지배당한다.

A good man rules his desires, but a foolish man is ruled by his desires.

209 너의 오른손이 유혹하는 것을 너의 왼손으로 물리쳐라.

Beat what your right hand tempts with your left hand.

210 다른 사람들보다 뛰어난 사람은, 악에의 충동도 그만큼 강하다.

For those who excel than others, the impulse of evil is just as strong.

211 만약 당신이 악에의 충동에 사로잡히면 그것을 내쫓기 위해서 무엇인가를 배우기 시작하라.

If you are obsessed with the impulse of evil, start learning something to kick it out.

212 만약 인간에게 악에의 충동이 없으면, 집도 세우지 않고, 배우자도 얻지 않고, 아이들도 만들지 않고, 일도 하지 않을 것이다.

If man had no impulse for evil, he would not build a house or get a wife, make no children, and do no work.

213 부자들이 즐기는 쾌락은 가난한 자의 눈물로 얻어지는 법이다.

The pleasures enjoyed by the rich are obtained by the tears of the poor.

214 물건을 훔치지 않은 도둑은 자기를 정직하다고 여긴다.

A thief who hasn't stolen a thing considers himself honest.

215 불순한 동기에서 생기는 애정은, 그 동기가 사라지면 죽어 버린다.

An affection arising from an impure motive dies when the motive is gone.

216 악에의 충동은 처음은 대단히 달콤하다. 그러나 끝났을 때는 대단히 쓰다.

The impulse of evil is very sweet at first. But when it's over, it's very bitter.

217 악은 태아였을 때부터 인간의 마음에 싹터서 인간이 자라남에 따라 강해진다.

Evil sprouts in the human mind since it was a fetus and becomes stronger as humans grow up.

내가 소유하고 있지 않은 것을 추구하다 보면, 지금 소유하고 있는 것들에 대해 소홀해지기 마련이다. 그리고 그 소홀함은 다른 손실로 이어진다. 내가 소유하고 있는 것들 가운데 가장 고마운 것을 떠올려 보라. 또한 나에게 그것이 없었다면 내가 얼마나 그것을 갈망했을지를 생각해 보고 감사의 마음을 가져야 한다. 그리고 어떤 이유로 그것을 잃어버리는 불행을 당하더라도 평정을 잃지 않도록 주의해야 한다. 모든 것은 잠시 맡겨 놓은 것일 뿐, 우리가 소유한 것은 아무것도 없다는 것을 알고 받아들이면 자연스럽게 욕심을 버릴 수 있다.

218 위대함은 그것을 추구하는 자로부터는 도망가고, 그것으로부터 도망가는 자에게는 따른다.

Greatness runs from those who seek it, and from those who flee from it follow.

219 음식을 대수롭지 않게 생각하는 사람은 배고프지 않다.

He who takes food lightly is not hungry.

220 인간은 자신에게 있는 것을 소홀히 하고 없는 것을 탐낸다.

Humans neglect what they have and covet what they don't.

221 너무 지나치게 소유하고 있으면 무엇이든 빠져나가기 마련이다.

If you own too much, you're bound to get away with anything.

222 하늘을 나는 천 마리의 새보다 조롱 속에 있는 한 마리의 새가 더 낫다.

One bird in derision is better than a thousand birds in the sky.

223 사람들은 다시 오지 않을 시간보다 잃어버린 재물을 걱정한다.

People worry about losing their wealth rather than the time they won't come back.

224 땅 주인이 아니면 땅은 황폐해진다.

The land becomes dilapidated unless it is the landowner.

225 돈이 있으면 걱정이 되고, 돈이 없으면 슬퍼진다.

If you have money, you worry, and if you don't have it, you feel sad.

226 진리를 찾는 일은 그것을 소유하는 것보다 더 귀하다.

Finding the truth is more valuable than owning it.

227 유혹을 뿌리치기 위해서는 지금 가진 것에 충실해야 한다.

To resist temptation, you must stick to what you have now.

단 한 번이든 여러 번이든 뺄셈은 일어난다. 이때 마치 나의 일부를 잃은 것처럼 상실감을 느끼게 된다. 하지만 어떤 뺄셈이 일어나도 원래의 나는 변함이 없다. 오히려 이런 뺄셈의 끝에서 진정한 나를 만나면 어디서 만족을 얻을 수 있는지 알 수 있다. 그것은 외부의 것이 아닌 바로 나 자신이다. 모든 것을 잃어도 정신은 잃지 말아야 한다. 잃고 난 다음에 진정한 만족을 찾을 수도 있는 것이다.

2-5

공짜로 받지 말고 공짜로 줘라

'공짜를 좋아하면 머리가 벗겨진다.'라는 말이 있다. 무릇 사람은 아무 대가 없이 남에게 함부로 무언가를 베풀어 주지 않는다. 그것이 마음의 위안이든, 다른 방식으로의 이득을 취하는 것이든 간에 자기가 손해를 보면서 무언가를 베푸는 사람은 없다. 그것을 일찍 알아채고 공짜를 멀리하는 사람이야 말로 지혜로운 사람이 된다. 우리는 꼭 무언가를 대가로 지불하게 된다. 실제로 공짜 이벤트에 참여해도 우리의 개인정보를 파는 것과 다름없다. 그것을 명심해야 누군가의 속임수에 걸려들지 않을 것이다. 세상에 공짜란 없다.

228 공짜로 처방전을 써 주는 의사의 충고는 듣지 마라.

Don't listen to the doctor's advice of writing a prescription for free.

229 우리는 심지어 죽음도 공짜로 얻을 수 없다. 죽음은 목숨을 대가로 지불해야 하기 때문이다.

We can't even get death for free. Because death must be paid in return for life.

230 악인이 은총을 베푼다고 해도 그것은 결코 완전할 수 없다.

It can never be complete even if the wicked show grace.

231 만약 좋은 일을 한 적이 있다면 그 보상에 대해서는 묻지 말라.

If you've done something good, don't ask about the reward.

232 선행의 가장 큰 대가는 무엇인가? 한 번 더 선행을 할 수 있다는 것이다.

What is the greatest cost of good deeds? One more good deed can be done.

233 신은 부자가 아니다. 그가 하는 일은 단지 부자에게서 빼앗아서 가난한 사람에게 주는 것이다.

God is not rich. All he does is take it from the rich and give it to the poor.

234 어떤 사람이 후하게 나누어 주는 것을 보면 그의 재산

이 늘어남을 의미하는 것이고, 자선을 거절하면 그의 재산이 줄어든다는 의미이다.

Seeing a man generously distributed means that his wealth will increase, and refusing charity will reduce his wealth.

235 자선을 받는 가난한 사람조차도 자선을 베풀어야 한다.

Even the poor who receive charity must give charity.

236 자기를 구하는 것밖에 생각하지 않는 사람은 멸망할 것이며, 남을 구하기 위하여 끊임없이 노력을 계속하는 사람은 불멸을 얻을 것이다.

He who thinks only of saving himself will perish, and he who continues his unremitting efforts to save others will be immortal.

237 거지 같은 뻔뻔함이 사람을 돕지 않을 구실이 되어서는 안 된다.

Do not use the person as an excuse not to help because of his beggarly impudence.

세상에 공짜는 없다. 하지만 우리는 이웃에게 공짜로 베푸는 연습을 해야 한다. 그것이 자선이다. 자선은 자신의 것을 나누어 주고 다른 사람을 도와주는 것이다. 왜냐하면 내가 얻은 재산 또한 온전히 나의 노력만으로 얻은 것이 아니기 때문이다. 즉 재물이 있지만 자기를 위해서만 쓰지 않고 다른 사람을 위해 사용하는 사람이 참된 현자이다. 남을 위해 기꺼이 가난해지는 사람은 탐욕스러운 사람이 되지 않고, 빚을 지지도 않는다. 공짜로 받는 것은 빚을 늘리는 행위다. 하지만 우리는 빚을 지우지 않고 빚을 지지도 않을 수 있다. 그것이 바로 자선이라고 할 수 있다.

238 가장 큰 자선은 가난한 사람들이 스스로 생계를 꾸려 나갈 수 있도록 해 주는 것이다.

The greatest charity is to allow the poor to make their own living.

239 자선은 생명을 구할 수도 있기 때문에 세심한 주의와 성실함을 요구한다.

Charity requires meticulous care and sincerity because it may save lives.

240 가진 것이 많으면 많이 주고, 가진 것이 적으면 주는 것을 두려워하지 말라. 필요한 날에 쓸 재물을 쌓아 두라.

Give a lot if you have a lot, and don't be afraid to give if you have little. Stack up wealth for the day you need it.

241 건강할 때 자선을 위해 주는 것은 금이며, 죽은 후에 주는 것은 납이다.

When in good health, what is given for charity is gold, and what is given after death is lead.

242 지식을 갖고 있어도 다른 사람에게 나누어 주지 않는다면 아무도 즐기는 이 없는 사막에 피어난 꽃과 같다.

If you have knowledge and don't give it to others, it's like a flower blooming in a desert where no one enjoys it.

243 나눔은 언제나 자신을 주는 행위이다.

Sharing is always an act of giving oneself.

244 거만한 사람들과 어울려 전리품을 나누는 것보다 겸손한 사람들과 어울려 마음을 나누는 것이 낫다.

It is better to share your mind with humble people than to mingle with arrogant people and share trophies.

245 한 사람의 촛불이 많은 사람에게 빛을 준다.

One person's candle gives light to many people.

246 다른 사람을 위해 할 수 있는 가장 큰 선은 자신의 재

산을 나누는 것이 아니라 다른 사람들에게 그 자신의 재산을 확인하게 해 주는 것이다.

The greatest good you can do for others is not to divide your property, but to let others identify your own.

247 자선을 행하지 않는 인간은 아무리 굉장한 부자일지라도 맛있는 요리가 즐비한 식탁에 소금이 없는 것과 마찬가지다.

No matter how rich a man is, a man who has not done charity has no salt on a table full of delicious dishes.

자선은 히브리어로 구제를 뜻하는데, 이는 없는 자에게 대가 없이 주는 것을 의미한다. 일회성으로 이루어지고 일시적으로 자기 만족을 실현하는 것은 구제가 아니다. 자기 분수에 맞는 작은 도움을 통해 나눔을 실천하고, 비록 자기가 베풀지 못하면 남이 베푸는 것을 보고 기뻐하기라도 하는 것이다. 자선은 주는 자와 받는 자를 모두 축복하는 행위이므로 두 배로 축복받을 것이며, 미덕 중에 최고의 미덕이다.

2-6

경제적 독립, 인간의 필수 조건

사람은 부모 아래에서 태어나서 점점 자란다. 그리고 다 큰 후에는 가정을 이루고 독립을 하는 법이다. 우리 사회에는 캥거루족이 많이 생기고 있다. 부모의 주머니 안에서 계속 자란다는 뜻으로 지어진 이름이다. 하지만 탈무드에서는 독립을 늦추면 안 된다고 거듭 강조하였다. 실제로 유대인 가족은 경제적으로 독립시키는 나이를 엄격하게 정한다고 한다. 그리고 그 독립은 오로지 참된 노동으로 이루어진 경제력으로서 가치를 가져야 한다.

248 단번에 바다를 만들려고 하면 안 된다. 먼저 냇물부터 만들어야 한다.

You shouldn't try to make an ocean at once. First, you have to make a stream.

249 영에서 일까지의 거리는 일에서 천까지의 거리보다 멀다.

The distance from zero to one is farther than the distance from one to the thousand.

250 어떤 시작이든 어렵기 마련이다.

Any start is bound to be difficult.

251 언제나 가장 적절한 질문은 '어떻게 하면 앞으로 나아갈 수 있는가?'이다.

The most appropriate question at all times is 'How can I move forward?'

252 지혜의 시작은 지혜를 바라는 것이다.

The beginning of wisdom is to hope for wisdom.

253 경제적인 독립은 자식으로서의 도리이다.

Economic independence is the duty of children.

254 우선 집을 짓고 들에 포도를 심어 포도원을 만들고 나서 배우자를 맞이해야 한다. 이 순서를 거꾸로 하면 안 된다.

The man must first build a house and plant grapes in the fields to make a vineyard, and then welcome his wife. This turn must not be reversed.

255 빼앗긴 고지야 다시 되찾으면 그만이지만, 대장이 용기를 잃으면 어떻게 하겠는가?

The lost hill can be recovered, but what if the commander loses his courage?

256 하룻밤 사이에 성공하는 데에는 20년이 걸린다.

It takes 20 years to succeed overnight.

257 각각의 성공은 더 어려운 문제로 가는 입장권을 사는 것이다.

Each success is to buy tickets to more difficult problems.

모든 것은 시작이 가장 좋다. 하지만 독립은 시작 중에서도 처음이 많은 시기이다. 처음으로 사회에서 남의 돈을 벌어 생계를 유지하게 되면 어떤 면에서든 부모의 빈자리가 크게 느껴질 것이다. 하지만 사람은 스스로에게 엄격할 수 있어야 한다. 부모에게 의존하는 자식은 끝까지 의존하게 된다. 따라서 탈무드에서는 자식을 기를 때 자립심을 길러 주도록 유도한다. 그 자립심이 이어져 경제적 독립, 사회적 독립으로 이어지는 것이다. 시작할 때 기대를 갖고 용기 있게 해 나가면 어엿한 어른이 되어 있는 것이 인생이다.

258 인간이 선택해야 할 길은 어떤 길인가? 그것은 자기 자신이 보기에도 명예롭고 타인의 눈에도 존경받을 수 있는 길이다.

What path should human beings choose? It is a way to be honorable to yourself and respected in the eyes of others.

259 과거에서 벗어나 현재에 살면서 미래를 위해 일하라!

Get out of the past and live in the present and work for the future!

260 열매가 많이 열리는 나무는 바람에 흔들리지 않는다.

A tree with a lot of fruit does not sway in the wind.

261 호두나무에서 사과 열매를 따려 하지 말라.

Don't try to pick apple berries from walnut trees.

262 좋은 나무는 좋은 열매를 맺는다.

Good trees bear good fruit.

263 좋은 부모는 다정하기만 한 부모가 아니다. 아이에게 자립심을 길러 주는 부모이다.

Good parents aren't just friendly parents. They are parents who foster self-reliance in their children.

264 행동이 없는 지혜는 열매가 없는 나무와 같다.

Wisdom without action is like a tree without fruit.

265 무리 밖에서도 살아남을 수 있는 동물이 오래 사는 법이다.

Animals that can survive outside the herd live long.

사람은 누구나 독립된 개체로서 존중받을 권리가 있다. 청소년도 마찬가지로 개인으로서 존중받아야 한다. 하지만 성인이 되면 자신의 힘으로 살아가야 어른다운 대접을 받을 수 있는 법이다. 성인이 된 이후에도 부모에게 손을 벌리는 건 어른이 할 일이 아니다. 거칠게 말해, '사람 구실'을 하는 사람이야말로 어른으로 대접받을 자격이 있다는 것이다. 자신의 생계는 자신이 챙길 줄 알아야 한다. 그 믿음이 지금까지 이어지는 유대인의 부를 이루었다.

2-7

유일하게 줄지 않는 재산, 지혜

고통을 극복하고 새로운 성취를 이룰 때 우리의 뇌에서는 도파민이란 호르몬이 분비된다. 이는 쾌감을 만들어 내는 뇌 내 물질로 큰 고통을 극복했을 때 더 많이 분비된다. 그래서 이를 경험한 사람들은 더 강도 높은 고통도 마다하지 않는다. 운동선수나 예술가뿐만 아니라 공부하는 학생도 이런 과정을 기꺼이 즐긴다면, 이를 통해 더 높은 성취를 이룰 수 있다. 공부는 어렵지만, 우리의 뇌는 공부를 즐길 수 있도록 설계되어 있다. 탈무드는 오래전부터 이와 같은 이치를 알고 전해 오고 있었다. 지혜야말로 인생을 값지게 만들어 주는 소중한 가치이다.

266 책을 읽고 깊이 있게 생각하지 않는다면, 당나귀가 책을 싣고 길을 걷는 것과 다를 바 없다.

If you don't read a book and think it in depth, it's no different than a donkey carrying a book and walking down the street.

267 굳은 결심은 가장 유용한 지식이다.

Hard determination is the most useful knowledge.

268 운동이 건강한 몸을 위한 약속이라면, 독서는 건강한 정신을 위한 양식이다.

If exercise is the promise for a healthy body, reading is the food for a healthy mind.

269 지성인은 자기의 마음으로 자기 자신을 망보는 사람이다.

An intellectual is a person who looks down on himself with his own heart.

270 책은 만인의 공유물이며, 만인은 배움의 의무를 지닌다.

Books are a common property of all, and all have a duty of learning.

271 칼을 갖고 있는 자는 책을 갖고 설 수 없다. 책을 갖고 서 있는 사람은 칼을 갖고 설 수 없다.

He who has a sword cannot stand with a book. He who stands with a book cannot stand with a sword.

272 포도주는 새 술일 때에는 신포도와 같은 맛이 난다. 그

러나 오래되면 오래될수록 맛이 좋아진다. 지혜도 똑같은 것이다. 해를 거듭함에 따라 지혜는 닦여진다.

When wine is a new liquor, it tastes like new grapes. However, the older it gets, the better the taste. Wisdom is the same. Wisdom grows over the years.

273 하루 공부하지 않으면 그것을 되찾기 위해서는 이틀이 걸린다. 이틀 공부하지 않으면 그것을 되찾기 위해서는 나흘이 걸린다. 1년 공부하지 않으면, 그것을 되찾기 위해서는 2년이 걸린다.

If you don't study a day, it takes two days to get it back. If you don't study two days, it takes four days to get it back. If you don't study a year, it takes two years to get it back.

274 학교가 없는 도시에는 사람이 살지 못한다.

No one lives in a city without a school.

275 배운 것을 복습하는 것은 외우기 위함이 아니다. 몇 번이고 복습하면 새로운 발견이 있기 때문이다.

Reviewing what you have learned is not to memorize. If you review it over and over again, there will be new discoveries.

무식이 배우지 못해 모르는 것이라면 무지는 이미 알고 있으면서도 어리석게 행동하는 것이다. 작은 차이지만 무지는 분명한 죄다. 무식은 개인보다 사회적인 책임일 수 있으나 무지는 개인적인 책임이 크다. 찰나에 내뱉은 말에도 그만한 무게와 책임감이 따른다. 따라서 우리는 그저 단순히 지식을 머리에 쌓는 것뿐만이 아니라, 자신이 말하는 단어 하나하나의 무게를 의식하고, 그에 대한 책임을 지는 것을 실천해야 한다. 그것이 진정한 지혜라고 할 수 있기 때문이다.

276 뛰어난 말에게도 채찍이 필요하다. 현인에게도 충고는 필요하다.

Even an accomplished horse needs a whip. Advice is also necessary for wise men.

277 머리가 비어 있는 사람은 죄를 두려워할 줄 모르고, 아는 것이 없는 사람은 경건할 수 없다.

He who has an empty head cannot fear sin, and he who knows nothing can be reverent.

278 무지, 권력, 교만은 가장 치명적인 조합이다.

Ignorance, power and arrogance are the deadliest combinations.

279 무지함은 빠르게 전염된다.

Ignorance spreads rapidly.

280 가장 큰 빈곤은 무지다.

The greatest poverty is ignorance.

281 만약 당신이 공부하느라 고생하지 않는다면 당신은 무지로 인한 고통을 겪게 될 것이다.

If you don't have a hard time studying, you will suffer from ignorance.

282 배우고 경건한 유대인은 그들의 동료가 아무리 무지하고 신앙심이 없다 해도 자기 자신이 조금이라도 낫다고 여기지 않는다.

The learned and pious Jews do not regard themselves as any better, no matter how ignorant and devout their colleagues may be.

283 무지한 사람들은 나이가 들면서 덜 명확하게 생각하고, 학자들은 나이가 들면서 더 명확하게 생각한다.

Uneducated people think less clearly as they get older, and scholars think more clearly as they get older.

284 자신의 무지함을 인식하는 것이 앎을 향한 크나큰

진전이다.

Recognizing one's ignorance is a great step toward knowledge.

285 지식을 쌓지 않는 것은 가지고 있는 지식을 감소시키는 것과 같다.

Not accumulating knowledge is like reducing one's own knowledge.

뇌는 고통을 극복하면서 발전한다. 그때마다 새로운 신경세포가 형성되어 새로운 차원의 사고가 가능해지는 것이다. 뇌가 부담이나 고통을 느끼지 않는다면 일상이 반복되는 무료한 삶을 살고 있는 것이다. 새로운 생각도 없고 기쁨도 즐거움도 없는 생활이다. 지금 당신의 뇌의 상태는 어떤가? 고통을 찾아보라. 힘든 일에 도전해 보라. 그것이 우리의 뇌가 바라는 일이다. 무지는 지식보다 자신감을 더 드러낸다. 무지를 두려움의 부모라고 말하는 데에는 이유가 있다. 우리는 자신의 무지에 대해 인식하고자 노력해야 한다.

2-8

도전하는 자가 삶을 쟁취한다

목표를 세운다는 것은 내 마음속에 벽을 세우는 것과 같다. 그리고 그 벽은 현재와 미래의 경계를 만들어 준다. 오늘이 가고 내일이 오듯 미래는 바로바로 현재가 되지만 늘 현재의 상태를 유지하려고 한다면 미래는 달라지지 않는다. 우리 안의 벽은 진정한 우리의 모습을 보여 준다. 바로 오해, 편견, 착각, 걱정, 불안, 두려움 등 나쁜 면들이 자신의 발목을 붙들고 있는 것이다. 지금까지 성공해 온 사람들은 한 가지 공통점을 가진다. 바로 자신의 한계를 뛰어넘고, 자신감을 가지고 계속 도전하는 것이다.

286 패배를 극복하는 법을 배워야 한다. 그럴 때에 당신의 인격이 향상된다.

You have to learn how to overcome defeat. Then your personality improves.

287 인생의 승리자가 되려면 책임지는 사람이 되어야 한다.

To be the victor of life, you must be the responsible.

288 이기는 것이 중요한 것이 아니다. 어떻게 노력하는가가 문제이다.

Winning is not important. The problem is how to try.

289 추는 한 방향에 오래 머물지 않는다.

Weight does not stay long in one direction.

290 돈이 있어도 이상(理想)이 없는 사람은 몰락의 길을 밟는다.

A man who has money but has no ideal takes the path of downfall.

291 아무 일도 하지 않은 사람보다 무언가 해보려다 실패한 사람이 훨씬 유능하다.

A person who fails to try something is much more competent than a person who has done nothing.

292 자기가 가고 있는 곳을 모르는 사람은 결코 높이 향상하지 못한다.

He who doesn't know where he's going never improves high.

293 우리의 운명은 생각하는 대로 만들어진다.

Our destiny is made as we think.

294 충실한 삶의 깊이를 아는 자는 아름다운 죽음의 가치를 안다.

He who knows the depth of faithful life knows the value of beautiful death.

295 이 세상에 위대한 사람은 없다. 단지 평범한 사람들이 일어나 맞서는 위대한 도전이 있을 뿐이다.

There is no great man in this world. There is only a great challenge for ordinary people to stand up and confront.

도전 정신이 없었다면, 실패하고도 다시 일어나는 사람들이 없었다면, 세상에는 위대한 발명도, 위인도, 대부호도 없었을 것이다. 그러니 당연하게도 탈무드에서는 도전 정신을 꾸준히 강조한다. 인생은 도전하는 사람이 쟁취하는 법이다. 다른 것이 아니라 그것이 바로 인생의 진리라고 유대인들은 말한다. 도전하는 자만이 원하는 것을 얻을 수 있고, 자기 자신을 성장시킨다.

296 너무 멀리 갈 위험을 감수하는 자만이 얼마나 멀리 갈

수 있는지 알 수 있다.

Only those who risk going too far can see how far they can go.

297 인생이 끝날까 두려워하지 마라. 당신의 인생이 시작조차 하지 않을 수 있음을 두려워하라.

Don't be afraid that life will end. Fear that your life may not even begin.

298 마음의 역할은 욕망에 충실하는 것이다. 마음은 주인인 열정에 헌신해야 한다.

The role of the mind is to be faithful to desire. The mind must devote itself to the passion of its master.

299 다른 사람들이 할 수 있거나 할 일을 하지 말고, 다른 이들이 할 수 없고 하지 않을 일을 하라.

Don't do what others can or won't do; do things that others can't and won't do.

300 위인이나 위인의 조건에 대한 논쟁으로 시간을 낭비 말라. 스스로 위인이 되어라.

Don't waste your time arguing about the conditions of a great man or great man. Be a great man on your own.

301 다이아몬드를 찾는 사람이 진흙과 수렁에서 분투해야 하는 이유는 이미 다듬어진 돌 속에서는 찾을 수 없기 때문이다.

The reason diamond seekers must struggle in mud and mire is because they cannot be found in polished stones.

302 할 수 없을 것 같은 일을 하라. 실패하라. 그리고 다시 도전하라.

Do what you think you can't. Fail. And challenge again.

303 당신이 바라거나 믿는 바를 말할 때마다, 그것을 가장 먼저 듣는 사람은 당신이다.

Whenever you say what you want or believe, you are the first to hear it.

304 변화는 인간의 정신에 막대한 심리적 영향을 미친다. 두려워하는 자는 상황이 악화될까 봐 걱정하므로 위협적으로 느낀다. 희망에 찬 자는 상황이 나아질 것을 기대하므로 용기를 낸다.

Change has a huge psychological impact on the human mind. He who is afraid feels intimidating because he is afraid that things will get worse. He who is hopeful takes courage because he expects things to get better.

305 공포를 느껴라, 그리고 그래도 도전하라.

Feel fear, and still challenge.

우리의 뇌는 새로운 것에 흥분하기도 하지만 기본적으로는 안정된 상태를 유지하려는 성향이 강하다. 그래서 인간은 큰 변화를 지양하고 과거와 현재에 안주하려고 하는 것이다. 하지만 본성에 따라 살다 보면 새롭게 이루는 것은 아무것도 없을 것이다. 목표를 세웠으면 바로 현재를 바꾸어야 한다. 마음 속 벽을 깨는 고통만이 미래를 밝힐 수 있다. 탈무드의 오랜 도전 정신은 우리로 하여금 잊고 있었던 꿈을 상기시켜 준다.

"나만의 탈무드 명언 필사 노트"

앞서 읽은 구절 중 나의 것으로 만들고 싶은 명언이 있다면, 핸드폰으로 찍은 후 직접 손으로 옮겨 적어 나만의 탈무드를 만들고 개인 SNS에 올려 보세요.

8.

9.

10.

11.

12.

13.

14.

PART 3

불완전함에서 지혜를 길러 내는 탈무드 교육

인간은 불완전한 존재이다. 세상에 완벽한 사람은 없다. 하지만 남들보다 유능하고 현명한 사람은 있다. 가정에서 교육을 받고 자라는 것은 무척 중요하다. 아이가 태어나서 처음으로 겪는 사회 공동체가 바로 가족이기 때문이다. 적절한 교육을 받고, 선조들의 지혜를 이어받는 것이 탈무드의 본래 목적이다. 그러니 유대인과 탈무드를 얘기하면서 '교육'을 빼놓을 수는 없을 것이다. 어떻게 해야 우리 아이를 지혜롭고 현명한 사람으로 자라게 할 수 있을까? 해답은 바로 가까운 곳에 있다.

3-1

남들과는 다른 사람으로 키워라

원하는 것을 얻기 위해서는 남들과 같아서는 안 된다. 남들과 비슷해 보인다면 특별한 일을 맡기 쉽지 않을 것이고, 혹시 그렇게 된다 하더라도 자신만의 것이 아닌 남들도 가능한 일반적인 것을 얻게 될 것이다. 원하는 일이 있다면 어떻게든 자신이 그 일에 적합한 사람임을 내보여야 한다. 여러 사람 중에서 눈에 띄도록 자신을 포장해서 알려야 한다. 물론 그것이 허세를 부리는 것이나 거짓된 모습이어서는 안 된다. 아이를 키우는 것도 마찬가지이다. '평범'하면 안 된다. 아이의 개성을 존중해 주고 인정해 주면서 남들과 다른 아이로 키워야 한다.

306 아이들을 가르친다는 것은 어떠한 것인가? 그것은 백지에 무엇을 그리는 것과 같은 것이다. 노인을 가르친다는 것은 어떠한 것인가? 이미 많이 쓰인 종이에 여백을 찾아서 써넣는 것과 같은 것이다.

What is teaching children? It's like drawing something on white paper.

What is teaching old people like? It's like trying to find and fill in a blank on a piece of paper that's already written.

307 마땅히 행할 길을 아이에게 가르쳐라. 그리하면 늙어도 그것을 떠나지 않으리라.

Teach the child the right way to do it. Then he will not leave it even if he gets old.

308 아이를 꾸짖을 때는 한 번만 따끔하게 꾸짖어야지 언제나 잔소리로 계속 꾸짖어서는 안 된다.

When you scold a child, you should scold him only once, and you should not always scold him with nagging.

309 자식과 약속을 했다면, 그 약속은 반드시 지켜야 한다. 만약 약속을 지키지 않는다면, 아이들에게 거짓말을 가르치고 있는 셈이다.

If you have made a promise with your child, you must keep that promise. If you don't keep your promise, you're teaching your children lies.

310 어떻게 살아야 옳고 훌륭한 삶인가 말하는 것도 물론 중요하지만 그것을 실천하는 것이 더욱 중요하다.

It is of course important to say how to live a right and a good life, but it is more important to practice it.

311 어린이는 부모가 이야기하는 모양을 흉내 낸다. 성격은 그 이야기하는 모양으로 알 수 있다.

Children imitate what their parents are talking about. Personality can be seen by talking about it.

312 여우의 머리가 되기보다 사자의 꼬리가 되게 하라.

Let it be the tail of a lion rather than the head of a fox.

313 아이들에게는 비평보다 귀감이 필요하다.

Children need examples rather than criticism.

314 자녀를 가르치는 최선의 교육은 자기 스스로 모범을 보이는 것이다.

The best education to teach your children is to set an example for yourself.

교육은 살아가기 위해 필요한 지식과 기술의 습득보다 사람으로서 해야 할 일과 해서는 안 되는 일을 분별하는 데 초점을 두어야 한다. 많은 지식을 터득한 사람이라도 해야 할 일과 하면 안 되는 일을 분별하는 지혜가 없다면 본능에 따라 움직이는 동물과 같다. 우선 자신이 해야 하는 일을 명확히 인지한 다음에 개성을 챙기는 것이 옳다. 개성은 하루 아침에 생기는 것이 아니다. 사람이 자라면서 인격을 형성하고, 취향과 개성이 자라나는 것이다. 조급하게 생각하면 일을 그르치기 마련이다. 아이를 키우는 것은 인내를 필요로 한다.

315 가장 훌륭한 기술, 가장 배우기 어려운 기술은 세상을 살아가는 기술이다.

The best skill, the hardest skill to learn, is the skill of living the world.

316 형제간의 두뇌를 비교하는 것은 둘을 다 해치지만, 개성을 비교하는 것은 둘을 살린다.

The comparison of the brains between brothers hurts both, but the comparison of individuality saves both.

317 이야기나 우화의 교훈은 아이가 스스로 생각하도록 해야 한다.

The lessons of a story or fable are to be thought by the child himself.

318 아이들끼리 친구라고 해서 그 부모들까지 친구일 수는 없다.

Even the parents cannot be friends just because the children are friends.

319 자녀에게 거짓말을 하여 헛된 꿈을 꾸도록 만들어서는 안 된다.

You must not lie to your children and make them dream in vain.

320 무지함을 두려워 말라. 거짓 지식을 두려워하라.

Don't be afraid of ignorance. Fear false knowledge.

321 어떤 현인이 어떻게 현인이 되었느냐는 질문을 받고, 대답하기를 '식용유보다 등유에다 더 많은 돈을 썼기 때문'이라고 답하였다.

A wise man was asked how he became wise and answered, 'Because he spent more money on kerosene than on cooking oil.'

322 몸의 무게는 잴 수 있으나, 지성의 무게는 잴 수가 없다. 지성에는 한계가 없기 때문이다.

You can weigh it, but you can't weigh your intellect. Because there is no limit to intelligence.

323 선생으로부터 배우는 것보다도 친구에게서, 그리고 학생

에게서 배우는 것이 더 많다.

There is more to learn from friends and students than from teachers.

324 자녀가 성장해 가면서 부모를 잊는 것은 부모의 교육이 나빴기 때문이다.

The reason why children forget their parents as they grow up is because their parents' education is bad.

기회를 잡기 위해서는 먼저 준비되어 있어야 한다. 나 자신을 누구도 대신할 수 없는 존재로 만들어 놓아야 하는 것이다. 그것을 위해 타고난 재능이 필요하지는 않다. 원하는 일을 위해 피나는 학습과 훈련이 필요할 뿐이다. 그리고 누구도 생각하지 않은 일을 미리 준비해 놓았을 때 나는 다른 사람, 나아가 유일한 사람이 될 수 있다. 최고가 되면 그 자리는 언제든지 빼앗길 수 있지만 유일한 사람이 되면 그 자리는 누구도 대신할 수 없다. 자녀를 유일한 사람으로 만드는 것이 성공으로 이끄는 길이다.

3-2

듣기보다 더 중요한 말하기 교육

자기 주관이 뚜렷하지 않은 사람은 남의 의견에 휘둘릴 수 있다. 그것이 여러 사람의 의견이라면 한 가지 결정은 더욱 어렵게 된다. 그렇게 되면 결정을 하지 못하고 일을 미루게 되는 결과를 낳는다. 이때 자기 결단력을 가진 사람이 필요한 것이다. 그리고 그 의견을 피력하고, 자신의 말에 책임지는 사람을 기르기 위해서는 말하기 교육이 중요하다. 사람은 경청도 중요하지만, 자신의 생각을 논리적으로 말하는 교육도 필요하다. 남의 의견에 끌려다니지 않기 위해서다. 또한 어렸을 때부터 자신의 말에 책임지는 연습을 해야 한다.

325 입안에 있는 말은 자신의 노예지만, 그것이 입 밖으로 나오면 곧 자신의 주인이 된다.

The words in my mouth are my slaves, but when it comes out of my mouth, it becomes my master.

326 자신의 말은 곧 내가 건너는 다리라고 생각하라. 단단한 다리가 아니라면 건너려고 하지 않을 테니까.

Think of your words as the bridge I cross. If it's not a solid bridge, I won't try to cross it.

327 걸음이 아무리 빠를지라도 혀를 당하지 못한다.

No matter how fast you walk, you can't get tongue-tied.

328 승자는 행동으로 말을 증명하지만, 패자는 말로써 행동을 변명한다.

The winner proves words by action, but the loser excuses action by words.

329 잘못된 말이 입힌 상처는 칼이 입힌 상처보다 깊다.

The wound inflicted by the wrong words are deeper than the wound inflicted by the sword.

330 품에 있는 사람을 사랑할지라도 많은 말을 삼가라. 사람은 죽어도 그 말은 죽지 않기 때문이다.

Even if you love someone in your arms, refrain from saying too much. Because a man dies, the words do not die.

331 말은 생각과 뜻을 담은 그릇으로서 현재와 장래의 모든 것을 결정하는 위대한 비밀을 품고 있다.

Words are vessels of thought and meaning, and contain great secrets that determine everything now and in the future.

332 어떠한 충고일지라도 길게 말하지 말라.

Don't take any advice too long.

333 그대의 혀에는 뼈가 없음을 잊지 말라.

Don't forget that your tongue has no bones.

자신의 의견을 정확한 언어로 표현하는 것과 어리석은 사람이 쓸데없는 말을 늘어놓는 것은 분명 다르다. 우리는 아이를 전자로 키우기 위해서 힘써야 한다. 지혜로운 사람은 꼭 필요한 말을 한다. 필요하지 않은 말, 좋지 않은 말을 배운 자녀는 엄하게 혼이 나는 것이 마땅하다. 그 다음에는 따뜻한 포옹이 동반되어야 한다. 부모는 노련해져야 한다. 한 번 꾸짖으면, 여러 번 잔소리를 늘어놓지 말아야 한다. 말이 가벼워지기 때문이다.

334 경건한 교육은 가정을 이끌어 나가는 가장 훌륭한 방법이고 가정의 번영을 꾀하는 가장 확실한 방법이다.

A pious education is the best way to lead a family and the surest way to promote family prosperity.

335 돼지는 무게로 등급을 매기고 사람은 교육으로 등급을 매긴다.

Pigs are graded by weight and people are graded by education.

336 행동을 수반하지 않는 말, 그것은 말이 아니라 차라리 공상이다.

Words that do not involve action, it is rather a fantasy, not words.

337 도덕성이 결여된 우화는 다리가 없는 몸과 같다.

Fables lacking morality are like bodies without legs.

338 자신을 말로써 드러낼 줄 아는 자가 성공하게 될 것이다.

Whoever knows how to express himself verbally will succeed.

339 참된 지식은 말과 말로 전해져 머리에 쌓이게 된다.

True knowledge is passed down in words and words and piled up in the head.

340 부모의 말을 어기는 자는, 그가 자라 자식을 낳으면 그

자식이 자기 말을 듣지 않는다.

Whoever violates his parents' words, when he grows up and gives birth to a child, the child does not listen to him.

341 자식이란 학자 앞에서는 어리석지만, 그의 아버지 앞에서는 현명하다.

A child is foolish in the presence of a scholar, but wise in the presence of his father.

342 나태한 젊은이는 나중에 불평만 하는 부모가 될 뿐이다.

A lazy young man will only become a complainant parent later.

343 지혜로운 아들은 아버지를 기쁘게 하고 우매한 아들은 어머니를 슬프게 한다.

A wise son pleases his father, and a foolish son makes his mother sad.

자신의 의지로 결정한 일에 대해서는 남의 탓을 할 수 없다. 모든 것에 대해 자기 책임을 인정하는 사람이 지혜로운 사람이다. 그런 사람일수록 자기 결단은 신중히 내리고 한 번 결정한 일은 자신 있게 밀어붙인다. 이미 내뱉은 말은 되돌릴 수 없는 결과를 낳는다. 그러니 현명한 사람은 함부로 말을 내뱉지 않는다. 그렇게 시작한 일도 하다 보면 잘되지 않고 어려운 상황을 만날 수도 있지만, 이때 바로 자기 탓임을 인정하고 책임지는 태도를 보이면 남의 도움도 제대로 받을 수 있게 된다.

3-3

배움의 재미를 터득시키는 방법

지식은 무엇보다도 중요하다. 탈무드에서는 지식을 사람으로서 가져야 할 매우 중요한 덕목으로 꼽았다. 교육은 도덕과 지혜의 두 기반 위에 서지 않으면 안 된다. 도덕은 미덕을 받들기 위해서이고, 지혜는 남의 악덕에서 자기를 지키기 위해서이다. 도덕에만 중점을 두면 성인군자나 순교자밖에 나오지 않고, 지혜에만 중점을 두면 타산적인 이기주의자가 된다. 어느 한쪽에 치우치지 않고 도덕과 지혜의 두 기반 위에 교육이 있어야 좋은 열매를 거둘 수 있다.

344 금전의 차용은 거절해도 좋으나 책을 빌려 달라고 할 때 거절하는 것은 도리가 아니다.

You may refuse to borrow money, but it is not right to refuse when you borrow a book.

345 너 자신을 다스려라. 그러면 당신은 세계를 다스리게

될 것이다.

Rule yourself. Then you will rule the world.

346 많은 사람들은 생각의 오류를 피하고, 불안에서 도망하기 위해 책을 읽는다.

Many people read books to avoid errors of thought, and to escape anxiety.

347 사랑 없는 지식이나 지식 없는 사랑은 훌륭한 삶을 만들 수 없다.

Knowledge without love or love without knowledge cannot make a great life.

348 기도 시간은 짧게 하고, 학문에는 오랜 시간을 보내라.

Keep your prayers short, and spend a long time studying.

349 지성의 진실된 모습은 지식뿐만 아니라 상상력에서도 나온다.

The true image of intelligence comes not only from knowledge but also from imagination.

350 살아 있는 사람에게서 빼앗을 수 없는 것은 지식이다.

It is knowledge that cannot be taken from a living man.

351 지식에 투자하는 것은 항상 최고의 이자를 지불한다.

Investing in knowledge always pays the best interest.

352 옳은 것을 배워 나가는 것보다 옳은 일을 몸소 행하는 것이 낫다.

It's better to do the right thing yourself than to learn the right thing.

353 자기 결점을 쉽게 고치지 못하더라도 자기 향상을 위한 노력은 계속하여야 한다.

Even if self-defects are not easily corrected, efforts for self-improvement should continue.

배움의 기쁨을 느끼는 데에는 여러 가지 방법이 있다. 그 중 가장 중요한 것은, 학문과 공부를 억지로 시켜서는 안 된다는 것이다. 억지로 하게 되면 어떤 재미도 찾을 수 없고, 지겨운 과제가 되어 버리기 때문이다. 하기 싫은 것을 억지로 하게 만드는 것이 부모의 역할은 아니다. 부모는 아이가 공부에서 재미를 찾도록 유도하는 역할을 가진다. 어렸을 적에 배움의 재미를 느꼈던 부모일수록 자녀에게 그것을 가르치기 쉬워진다.

354 생물 가운데 웃는 것은 인간뿐이다. 그중에서도 영리한 사람이 웃는다.

Human beings are the only ones that laugh. Among them, the clever one laughs.

355 적당히 어리석은 자는 완전히 어리석은 자보다 더 어리석다.

A moderately foolish man is more foolish than a completely foolish man.

356 산양이 수염이 있다 하여 랍비가 될 수는 없다.

A mountain goat cannot be a rabbi just because it has a beard.

357 사람은 누구도 어른이 되지 않는다. 다만 아이로서 한 살씩 나이를 먹을 뿐이다.

No one becomes an adult. As a child, a person only gets older by one year.

358 어린아이일 때는 두통을 안겨 주지만, 크면 심통을 안겨 준다.

As a child, he gives you headaches, but when he grows up, he gives you heartaches.

359 어리석은 자의 노년은 겨울이지만, 현자의 노년은 황금기이다.

The old age of the foolish is winter, but the old age of the wise is the golden age.

360 나이는 당신이 생각하는 만큼이다. 누구나 자신의 생각만큼 늙거나 젊다.

Age is as much as you think. Everyone is as old or as young as he thinks.

361 글을 읽을 줄 아는 귀머거리는 진짜 귀머거리가 아니다. 진짜 귀머거리는 남의 말을 듣지 않는 자이다.

The deaf who can read is not a real deaf. The real deaf is a person who don't listen to others.

362 학자 중에는 당나귀와 같은 학자가 많다. 그들은 오직 책만 당나귀 등에 싣고 다닌다.

Many scholars are like donkeys. They carry only books on their donkeys.

363 나태한 자의 좋은 두뇌는 마치 눈먼 사람이 등불을 가지고 있는 것과 같다. 쓸모없는 짐일 뿐이다.

The good brain of the indolent is like a blind man with a lamp. It's just a useless burden.

오로지 책상에 앉아서 하는 공부만이 배움은 아니다. 세상에는 여러 가지 방법으로 살아 나가는 사람들이 있고, 그만큼 여러 분야의 지식들이 있다. 부모는 자식에게 삶의 지식을 전해 주면 된다. 하지만 그만큼 자식의 말에도 귀를 기울여야 한다. 자식이 어떤 것에 관심이 있는지 유심히 살피고, 누구보다도 자식에 대해 잘 아는 사람이 되어야 한다. 부모라면 당연히 알게 되는 것이 아니라 꾸준히 관심을 갖고 노력해야 한다.

3-4

스스로 생각하게 만들어라

어떤 운명은 우리에게 일방적으로 주어진다. 태어나는 나라, 지역, 부모 등은 우리가 어찌할 수 없어 숙명이라고도 한다. 하지만 대부분의 운명은 우리 스스로의 선택에 의해 만들어진다. 우리 힘으로 어쩔 수 없는 자연재해 같은 상황 속에서도 각자의 길은 다르게 펼쳐진다. 그 속에서 사람마다 선택이 다르기 때문이다. 좌절하느냐 재기하느냐 그것은 운명이 아니라 우리의 선택이다. 스스로 생각하고 선택하는 것은 인생에서 가장 중요한 문제이다. 우리는 자녀에게 주관적인 선택을 하게끔 교육할 의무가 있다.

364 스스로 세워지지 않은 마을은 없어져야 한다.

Villages not built on their own should be eliminated.

365 비만과 돈과 오만은 기억력을 해친다.

Obesity, money and arrogance harm memory.

366 어떤 사람들은 학문에만 너무 시간을 소비하는 탓에 진실을 알 여유가 없다.

Some people spend too much time on academics, so they cannot afford to know the truth.

367 속에 넣는 물건보다도 더 비싼 상자를 만들지 말라.

Don't make boxes more expensive than stuff you put in.

368 5명의 지혜로운 자가 500명의 무식한 자들보다 낫다.

Five wise men are better than five hundred ignorant men.

369 지혜로운 자는 빵을 나눌 때 열 번씩이나 생각하고 나누지만, 우매한 자는 열 번을 나누어도 한 번도 생각하지 않는다.

The wise person thinks and shares ten times when sharing bread, but the foolish person never thinks.

370 임금은 나라를 다스리지만, 현인은 임금을 다스린다.

The king rules the country, but the wise man rules the king.

371 답을 가르치지 말고 질문하게 하라.

Don't teach me the answer and let me ask you a question.

372 구두와 같은 인간이 있다. 값이 헐한 것일수록 삐걱거린다.

Some human beings are like shoes. The cheaper it is, the more it creaks.

373 동물은 생겨나면서부터 완성작이다. 그러나 갓 태어난 사람을 원료를 이용해 어떤 모습의 인간을 만들어 가느냐 하는 것은 부모의 책임이다.

Animals are born and finished. However, it is the responsibility of parents to decide what kind of human being they make using materials.

탈무드에는 여러 가지 우화가 있다. 우화에는 교훈이 있고, 스스로 생각하게끔 만들어 주는 장치가 있다. 우리나라의 주입식 교육과 달리, 선진국에서는 아이들이 스스로 자유롭게 생각해 볼 수 있는 교육을 실천한다. 자기 자신의 생각으로 직접 습득한 지식의 깊이는 말로만 듣고 머리에 담은 지식과는 차원이 다르다. 자신이 스스로 생각해서 얻은 결론이야말로 참된 값을 지닌 지식이다.

374 한 사람의 부모는 열 자녀라도 양육할 수 있으나, 열 자녀는 한 부모를 봉양할 수 없다.

A father may raise at least ten children, but ten children shall not be allowed to care for one father.

375 아이들은 자기 자신이 최고라고 생각한다. 이것은 성장하지 않은 어른도 마찬가지이다.

Children think of themselves best. This is the same for an adult who has not grown up.

376 아이들이 누구든 다 좋아하는 것은 그들의 단점에 주목하지 않기 때문이다.

Children likes everyone because they don't point out their shortcomings.

377 서로 적이 된 형제는 다른 어떤 것보다도 나쁘다.

Brothers who have become enemies are worse than anything else.

378 나이 먹는 게 싫다면 차라리 목을 매어라.

If you don't like getting older, hang yourself.

379 노인은 자기 자신이 다시는 젊어질 수 없음을 알지만, 젊은이는 자기가 늙어 간다는 사실을 잊고 있다.

The old man knows he can never be young again, but the young man forgets that he is getting old.

380 마소가 어릴 때 밭 갈고 짐 나르는 것을 가르쳐야 한다.

나이가 든 짐승은 가르칠 수 없다. 이것은 사람도 마찬가지이다.

Horses and oxen must be taught to plow and carry luggage when he is young. The beast cannot be taught when it is old. This is the same for people.

381 어린 나무는 바람을 이겨 내지만 오래된 나무는 곧 꺾인다.

A young tree can withstand the wind, but an old tree soon breaks down.

382 일곱 살은 일곱 살답게, 일흔 살은 일흔 살답게 행동하라.

Behave like seven years old as seven years old, and seventy years old like seventy years old.

383 인간은 아이가 태어나면 기뻐하고, 사람이 죽으면 슬퍼한다. 그러나 이것은 반대로 해야 한다. 태어난 아이의 앞에는 어떤 일들이 일어날지 모르지만, 사람이 죽으면 이미 그가 이루어 놓은 것들을 알게 되니까.

Man rejoices when a child is born, and mourns when man dies. But this has to be changed. We don't know what will happen to a born child, but when a person dies, we already know what he has done.

사랑하는 사람에게 '너는 내 운명'이라는 말을 한다. 그 운명은 주어진 것이 아니라 선택한 것이다. 그 차이는 책임으로 달라진다. 주어진다면 책임이 없고, 선택한다면 책임이 있는 것이다. 내 운명은 나의 것이다. 주어지기 때문에 책임이 없는 것이 아니라, 선택하기 때문에 책임이 있는 것이다. 책임을 지기 때문에 자신의 것이다. 우리는 책임지는 법을 배우며 어른으로 성장한다. 스스로를 책임지지 못하는 사람은 아무리 나이를 먹어도 어른이 아니다.

3-5

오른손으로 벌을, 왼손으로 포옹을

엄한 교육을 받고 자란 사람은 스스로에게도 엄한 사람이 된다. 하지만 너무 엄하기만 해서는 스스로를 몰아붙이게 될 뿐이다. 부모는 균형을 맞추는 것이 중요하다. 자만심을 심어주지 않기 위해서 칭찬을 아예 안 하게 된다면, 그 아이는 소극적이고 자신감 없는 사람으로 자라날 것이다. 그렇다고 너무 칭찬만 한다면, 자만심 때문에 일을 그르치는 사람이 될 것이다. 벌과 애정도 마찬가지이다. 엄하기만 하면 좋은 관계를 유지할 수 없다. 부모는 자녀에게 충분히 사랑을 표현할 필요가 있다.

384 다섯 살 된 자식은 당신의 주인이고, 열 살 된 자식은 노예이며, 열다섯 살 된 자식은 동등해진다. 그 후부터는 교육시키는 방법에 따라 벗이 될 수도 적이 될 수도 있다.

Five-year-old is your master, ten-year-old is a slave, and fifteen-year-old is equal. From then on, depending on how you educate, you can be friends or enemies.

385 부모가 다른 사람과 논쟁하고 있을 때는 다른 사람의 편을 들어서는 안 된다.

If a father is arguing with another person, you must not take the side of another.

386 존경하는 마음이 없으면 진정한 사랑이 아니다.

It is not true love without respect.

387 가르치는 입장에 있는 사람은 자신을 엄격하게 다스려야 비로소 그가 닦는 학문의 길이 존귀하다고 사람들이 인정하게 된다.

A person in the position of teaching must be strict with himself so that people can recognize that the path of learning he teaches is honorable.

388 가르치는 자들은 가르침을 받기도 해야 한다.

Teachers should also be taught.

389 가르침도 없고 스스로 배우는 것도 없으면 자기의 결점도 보이지 않는다.

No teaching, no self-learning, no self-defects.

390 가정은 도덕상의 학교다. 가정에서의 인성 교육은 중요하다.

The family is a moral school. Personality education at home is important.

391 강제로 주입된 지식은 결코 뿌리를 내릴 수 없다.

Forced knowledge can never take root.

392 뛰어난 사람은 두 가지 교육을 받고 있다. 그 하나는 교사로부터 받는 교육이요, 다른 하나는 자기 자신으로부터 받는 교육이다.

An outstanding person has two education. One is education from teachers, the other is from oneself.

393 공부는 평상시에 하는 것이다. 자리에 앉아서는 마음을 비워라.

Studying is something that you usually do. Sit down and empty your mind.

무릇 부모는 자식을 사랑하고, 자식은 부모를 존경해야

하는 법이다. 그렇지 않게 된다면 가정의 평화가 깨지게 될 것이다. 부모가 자식을 사랑하지 않는다면 자식은 삐뚤어진 사람이 될 것이고, 자식이 부모를 존경하지 않는다면 그 또한 올바른 사람으로 자랐다고는 할 수 없다. 그러니 어른인 부모가 먼저 적절한 훈육으로 교육시켜야 하는 것이다. 부모는 자녀에게 권위만을 표해서는 안 되고, 애정으로 보듬어 줄 수도 있어야 한다.

394 교사란 자신을 태움으로써 다른 사람을 밝게 비춰 주는 초와 같다.

A teacher is like a candle that brightens others by burning oneself.

395 교사의 임무는 독창적인 표현과 지식의 희열을 불러일으켜 주는 일이다.

The mission of a teacher is to arouse the joy of original expression and knowledge.

396 교육은 그대의 머리 속에 씨앗을 심어 주는 것이 아니라, 그대의 씨앗들이 자라나게 해 주는 것이다.

Education is not to plant seeds in your head, but to let your seeds grow.

397 교육은 많은 책을 필요로 하고 지혜는 많은 시간을 필

요로 한다.

Education requires a lot of books and wisdom takes a lot of time.

398 교육은 불완전한 것이 보통이다. 그 각각의 작용에 따라 두 개의 대립하는 경향, 즉 해방과 속박에 봉사해야 하기 때문이다.

Education is usually incomplete. Because, according to each of its actions, two opposing tendencies, must serve liberation and bondage.

399 교육은 사람에게 독립과 자존의 길을 가르치고 그것을 몸소 행하고 실천하는 방법을 보여 주는 것이다.

Education is to teach a person the way of independence self-respect and show him how to do and practice it in person.

400 교육은 원래 가정에서 해야 한다. 부모같이 자연스럽고 적합한 교육자는 없을 것이다.

Education should originally be done at home. There will be no natural and suitable educator like parents.

401 교육은 지성을 창조할 수는 없고 다만 훈련시킬 따름이다.

Education cannot create intelligence but train it.

402 교육의 뿌리는 쓰지만 그 열매는 달다.

The root of education is bitter, but its fruit is sweet.

403 교육의 핵심은 사람의 마음을 훈련하는 데 있다.

The essence of education is to train the human mind.

모든 일에는 균형이 필요하다. 교육도 마찬가지이다. 요즈음 입시에만 집중하는 부모가 여럿 있다. 좋은 대학을 가고 좋은 직장을 가는 것만이 인생의 전부는 아니다. 교육은 세간의 지식보다 먼저 사람 된 도리를 가르치는 것을 우선해야 한다. 또한 아이를 따끔하게 혼낼 땐 혼내되, 언어 폭력과 같은 무용하고 난폭한 일은 일어나지 말아야 할 것이다. 아이는 부모를 존경해야 하지, 두려워해서는 안 된다. 그 균형을 맞춘다면 자녀 교육은 성공할 것이다.

3-6

감사하는 마음을 심어 주다

내가 받은 축복을 세어 보는 것도 감사이고 역경 속에서 긍정적인 면을 발견하는 것도 감사이다. 감사의 기본은 어떤 일을 당연한 것으로 받아들이지 않는 데 있다. 감사하는 삶을 살아가는 사람일수록 삶을 낙관적으로 살게 되고, 더 많은 기회와 더 좋은 감정, 좋은 인연을 아우르며 살 수 있다. 그런데 이 감사의 마음도 처음부터 주어지는 것은 아니다. 아이가 행복한 삶을 살게 하려면 감사하는 법을 가르쳐야 한다. 행복은 원하는 것을 갖기 위해 노력하는 것이 아니라 이미 주어져 있는 것들을 소중히 여기고 감사하는 것이다.

404 과거의 은혜를 회상함으로써 감사는 태어난다.

Appreciation is born by recollecting past grace.

405 감사는 고결한 영혼의 얼굴이다.

Appreciation is the face of a noble soul.

406 감사의 역량에 따라 행복의 크기가 결정된다.

The magnitude of happiness is determined by the capacity of gratitude.

407 감사하는 마음은 가장 위대한 미덕일 뿐만 아니라, 다른 모든 미덕의 근원이 된다.

The heart of gratitude is not only the greatest virtue, but also the source of all other virtues.

408 감사는 예의 중에 가장 아름다운 형태이다.

Appreciation is the most beautiful form of courtesy.

409 만일 한쪽 다리가 부러졌다면 두 다리 모두 부러지지 않은 것을 신께 감사하라. 만일 두 다리 모두 부러졌다면 목이 부러지지 않은 것을 신께 감사하라.

If one leg is broken, thank God that neither leg is broken. If both legs are broken, thank God for not breaking your neck.

410 술은 주인의 것이지만, 감사는 웨이터가 받는다.

Alcohol belongs to the owner, but thanks are given to the waiter.

411 사람들을 질책하는 사람은 사람들에게 아첨하는 사람보다 결국 더 많은 감사를 받게 될 것이다.

He who reproaches people will end up receiving more thanks than he who flatters them.

412 사람이 사람의 은혜를 모르면 신의 은혜는 생각조차 못 하게 된다.

If a man does not know man's grace, he cannot even think of God's grace.

413 현자는 부의 가치를 알지만 부자는 지혜의 기쁨을 모른다. 그러므로 현자가 더 훌륭하다.

A wise man knows the value of wealth, but a rich man does not know the joy of wisdom. The wise are therefore better.

행복을 무엇인가가 만들어 준다는 생각 때문에 불행한 사람이 많다. 무엇이 생기면, 어떻게 되면, 행복하리라는 생각이다. 만약 그런 일이 생기지 않는다면 평생 불행하게 살아야만 한다. 하지만 행복은 외부에서 오는 것이 아니다. 내가 행복하다고 느끼면 행복한 것이고, 불행하다고 느끼면 불행한 것이다. 외부 상황이나 나의 소유는 바꾸기 어렵지만 그에 대한 생각은 바꿀 수 있다. 바로 감사하는 마음을 단단히 갖는 것이다.

414 만약 당신이 매사에 좋은 것을 찾는 데 집중한다면 당

신의 삶은 영혼을 살찌우는 감사함으로 가득 차게 될 것이다.

Your life will be filled with the gratefulness of fattening your soul if you focus on finding good things in everything.

415 신이 우리에게 해 준 좋은 일에 대해 감사한다면 나쁜 일을 두고 슬퍼할 시간이 없다.

If we are grateful for the good things God has done for us, there is no time to mourn over the bad.

416 감사는 위대한 교양의 결실이다. 야비한 사람에게서는 그것을 결코 발견할 수 없으리라.

Appreciation is the fruit of great culture. The sneaky man will never find it.

417 기쁨을 주는 사람만이 더 많은 기쁨을 즐길 수 있다.

Only those who give pleasure can enjoy more joy.

418 감사에 인색하지 말라. 사람들의 마음은 언제나 감사에 굶주려 있다.

Don't be stingy with gratitude. People's hearts are always in thanks.

419 감사의 마음은 얼굴을 아름답게 만드는 훌륭한 끝손질이다.

A heart of gratitude is a wonderful finishing touch that makes the face beautiful.

420 세상에서 가장 쓸모없는 인간은 감사할 줄 모르는 인간이다.

The most useless man in the world is an ungrateful man.

421 인간이 범하는 가장 큰 죄는 감사할 줄 모르는 것이다.

The greatest sin that man commits is ungrateful.

422 사람이 얼마나 행복한가는 감사의 깊이에 달려 있다.

How happy a man is depends on the depth of his gratitude.

423 감사하는 영을 개발하라. 그러면 그대는 영원한 잔치를 즐길 것이다.

Develop a spirit of appreciation. Then you will enjoy the eternal feast.

생각만 바꾸면 행복할 수 있기 때문에 사람에 따라 행복의 분량이 달라지는 것은 아니다. 다만 시간은 정해져 있다. 행복은 살아 있는 동안만 느낄 수 있기 때문이다. 그럼 불행하게 느끼고 지나간 시간은 어떻게 할까? 매 순간 행복을 느끼려고 노력하고, 항상 감사하고, 남을 위한 일을 많이 할 때, 행복은 배가될 수 있다. 자신에게 주어진 모든 좋은 일에 감사하고 지속적으로 감사하는 습관을 길러라. 긍정적인 사고와 감사하는 마음을 심어 준다면 그 아이는 행복한 삶을 살 수 있을 것이다.

3-7

옳고 그름을 명확하게 하라

탈무드에서 말하는 교육은 인성 교육, 윤리 교육에 더 가깝다. 우리가 받은 것처럼 지식만 전달하는 교육은 참교육이 아니다. 무언가를 가르치고, 시험을 봐서 기억력만을 평가하는 방법으로는 제대로 된 교육을 실천할 수 없다. 중요한 것은 인성이다. 인성이 곧 평판을 만들고, 선인을 키워 내는 것이다. 위대한 사람은 모두 옳고 그름을 확실히 가르치고, 양심을 심어 준 부모 밑에서 자랐다. 아닌 것은 아니라고, 따끔하게 혼을 낼 줄 아는 것이 참된 부모의 역할이다.

424 평판은 최고의 소개장이다.

Reputation is the best introduction.

425 만일 자신에 대한 평가를 듣고 싶으면 이웃 사람들의 떠도는 말에 귀를 기울여라.

If you want to hear an assessment of yourself, listen to the gossip of your neighbors.

426 극형(極刑)을 언도하기 전의 판사는 자기 목이 매달려지는 것 같은 심정이어야 한다.

A judge before giving a capital punishment must feel as if his neck were hanging.

427 의인은 죽은 후에도 산 자라고 불리고 있다. 그러나 악인은 살아 있어도 죽은 자라고 불린다.

The righteous are called living creatures even after death. But the wicked are called dead even if they are alive.

428 웨이터의 매너가 좋으면, 어떤 술이든 미주(美酒)가 된다.

If the waiter's manners are good, any alcohol becomes delicious wine.

429 자신이 현명하다고 생각하고 있는 인간은 정녕 구제할 수 없는 바보이다.

Men who think themselves wise are fools beyond redemption.

430 핑계를 잘 대는 사람은 좋은 일을 거의 하나도 해내지 못한다.

He who is good at making excuses almost never does any good.

431 위대한 사람은 절대로 기회가 부족하다고 불평하지 않는다.

A great man never complains of a lack of opportunity.

432 아무리 선인(善人)이라도 입이 나쁜 인간은, 훌륭한 궁전의 이웃에 있는 악취가 심하게 풍기는 가죽 공장과 같은 것이다.

No matter how good a man is, a man with a bad mouth is like a bad-smelling leather factory in the neighborhood of a fine palace.

사람은 자신이 행동한 대로 만들어진다. 그 행동을 좋은 방향으로 교정해 줄 수 있는 나이도 한계가 있다. 일정 나이가 지나면 오랜 습관처럼 굳어진 나쁜 성격을 고칠 수 없기 때문이다. 따라서 아주 어렸을 때부터 무엇이 좋은 것이고 무엇이 나쁜 것인지, 어떤 일을 어떤 마음으로 해야 하는지 알려 주어야 참된 인간으로 자랄 수 있다. 참된 인간이란 좋은 이웃이자 좋은 가족, 그리고 남을 도울 줄 알고 양심이 살아 있는 인간이다.

433 술이 머리에 들어가면, 비밀이 밖으로 밀려 나온다.

When alcohol goes into your head, the secret is pushed out.

434 13세 때부터 인간 속에 있는 나쁜 충동은, 점점 선에의 충동보다 강하게 된다.

Since the age of 13, the bad impulse in man is becoming stronger than the impulse to good.

435 한 명의 부모가 백 명의 선생보다 낫다.

One's father is better than a hundred's teacher.

436 한 명의 훌륭한 교사는 때로는 타락한 사람도 건실한 시민으로 바꿀 수 있다.

One good teacher, sometimes, can turn a degenerate into a healthy citizen.

437 학교는 학생이 세상으로부터 도망가는 자가 아니라, 세상에 나가서 참여하는 사람이 되도록 가르쳐야 한다.

Schools should teach students not to run away from the world, but to go out and participate in the world.

438 학생에게 배우고자 하는 의욕을 고양시키지 않으면서 교육하려는 교사는 달구지 않은 쇠를 두들기는 것에 지나지 않는다.

A teacher who tries to educate students without raising the desire to learn is nothing more than beating on the iron that is not hot.

439 학교를 여는 자는 감옥을 닫는다.

Whoever opens the school closes the prison.

440 어떻게 가르치느냐를 아는 것은 교육의 위대한 기술이다.

Knowing how to teach is a great skill in education.

441 어려운 일을 쉽게 만들 수 있는 사람이 교육자이다.

It is the educator who can easily make difficult work.

442 교육은 과거의 가치 전달에 있는 것이 아니라, 미래의 새로운 가치 창조에 있다.

Education is not in the transmission of past values, but in the creation of new values in the future.

지금 자라나고 있는 아이들은 좋은 교육을 받으며 자라고 있는가? 조기 교육보다 중요한 것이 인성 교육이다. 경쟁 사회에서 승리하기 위해서 자녀 교육을 하는 것은 옳지 않다. 올바른 사람이 올바른 방법으로 승리하는 것이 그 사회가 제대로 살아 있다는 증거이다. 따라서 부모에게는 자녀에게 올바름을 똑바로 가르쳐야 할 의무가 있는 것이다.

3-8

좋은 부부가 좋은 자녀를 키운다

아이는 부모의 영향을 많이 받을 수밖에 없다. 매일같이 원수처럼 싸우는 부부를 부모로 두는 것보다 차라리 한쪽이 없는 것이 나을 수 있을 정도로 부부간의 유대감은 아이에게 중요하다. 가정에서 안정감을 찾을 수 있기 때문이다. 또한 꼭 아이 때문이 아니더라도, 배우자를 존중하는 것은 가정을 꾸리는 것에서 필수적인 첫 단계이다. 배우자를 존중하지 않는다면 아이를 키운다고 하더라도 모래 위에 집을 짓는 것처럼 위태로울 것이다.

443 아내의 동의 없이, 아내와 관계를 가질 수는 없다. 아내가 내키지 않는데도 남편이 손대는 것은 금해져 있다.

Without his wife's consent, he cannot have a relationship with his wife. The husband is forbidden to touch even though his wife is reluctant to do so.

444 사람을 만나 보지 않고 결혼해서는 안 된다.

You must not marry a woman without seeing her.

445 결혼이란 굴레는 무척 무겁다. 부부뿐만 아니라 자식까지도 함께 운반해야 하니까.

Marriage is very heavy. We have to carry not only couples but also children together.

446 결혼을 위해서는 걷고, 이혼을 위해서는 달려라.

Walk for marriage, run for divorce.

447 결혼할 때는 이혼까지도 예상해야 한다.

When you get married, you even have to expect a divorce.

448 초혼은 하늘에 의해서, 재혼은 인간에 의해서 맺어진다.

First marriages are brought together by heaven, second marriages by man.

449 인생에서 늦어도 괜찮은 것이 두 가지 있다. 그것은 결혼과 죽음이다.

There are two things in life that are okay at the latest. It's marriage and death.

450 그렇다고 모든 결혼이 다 아름답고 모든 죽음이 다 경건한 것은 아니다.

Not all marriages are beautiful and all deaths are pious.

아내(wife)라는 말은 짜다(weave)에서 파생되었다. 가정을 짜는 사람은 아내이다. 모든 실들이 서로 칭찬할 수 있도록, 서로 의지할 수 있도록 짜는 사람의 의지를 드러내 보여야 한다. 아내는 가족을 위한 최고의 경영자이다. 남편의 조력자이면서 자녀들의 매니저이고 딸의 상담사가 된다. 가정을 관리하는 모든 일을 빈틈없이 해내는 아내는 전문 지식을 배운 적이 없다. 살기 위해서, 그리고 가정을 꾸리기 위해서 닥치는 대로 해내는 만능인이다. 그래서 아내는 한 가정의 주인이다.

451 참된 사랑은 둘이 서로를 들여다보는 것이 아니라 함께 같은 방향을 바라보는 것이다.

True love is not about the two looking into each other, but looking in the same direction together.

452 사람들을 늙게 하는 네 가지 요소는 불안, 노여움 그리고 아이들과 나쁜 배우자다.

The four factors that make a man old are anxiety, anger, and children and bad wife.

453 열 나라의 사정을 아는 것이 자기 배우자 한 사람을 아는 것보다 쉽다.

It is easier to know the circumstances of the ten countries than to know wife.

454 가장 과묵한 사람은 가장 사나운 배우자를 만든다.

The most taciturn husband makes the fiercest wife.

455 가정에서 배우자에게 기를 펴지 못하고 지내는 사람은 밖에서도 쩔쩔매게 된다.

The husband, who does not have enough energy at home to his wife, gets embarrassed outside.

456 부부가 진정으로 서로 사랑하고 있으면 칼날 폭만큼의 침대에서도 잠잘 수 있지만, 서로 반목하기 시작하면 10 미터만큼의 폭이 넓은 침대도 너무 좁아진다.

If a couple truly loves each other, they can sleep in beds as wide as the blade, but when they begin to antagonize each other, they become too narrow even for beds as wide as ten meters.

457 배우자의 사랑이 지극할 때 상대 배우자의 소망은 조그마하다.

When the husband's love is full, the wife's wish is small.

458 모든 병 중에서 마음의 병만큼 괴로운 것은 없다. 모든 악 중에서 나쁜 배우자만큼 나쁜 것은 없다.

Of all diseases, nothing is as painful as the disease of the heart. Of all evils, nothing is so bad as a bad wife.

459 부부가 마음을 합하여 집을 갖는 것만큼 훌륭한 일은 없다.

Nothing is as good as a couple having a house together.

가정의 시작은 결혼이다. 서로 다른 가정에서 자라온 두 사람이 한 가정을 이루고, 그 다음에 아이를 낳아 기르는 것이다. 첫 단추를 잘 꿰어야 나머지 단추도 가지런히 꿰어 낼 수 있는 법이다. 금실 좋은 부부는 행복한 자녀를 만든다. 부부간의 관계가 원만하기 위해서는 아내를 존중해야 한다. 여자는 약하지만 어머니는 강하다. 가정을 위해 한 몸 바쳐 일하는 건 남편뿐만 아니라 아내도 마찬가지일 것이다. 좋은 부부가 좋은 교육, 좋은 정서를 길러 낸다. 교육은 협동이 필요하기 때문이다.

“나만의 탈무드 명언 필사 노트”

앞서 읽은 구절 중 나의 것으로 만들고 싶은 명언이 있다면, 핸드폰으로 찍은 후 직접 손으로 옮겨 적어 나만의 탈무드를 만들고 개인 SNS에 올려 보세요.

15.

16.

17.

18.

19.

20.

21.

PART 4

5천 년간 지켜온 그들만의 지혜

유대인들은 많은 외세의 침략을 받았다. 바빌론 제국, 아시리아 제국, 로마 제국, 이슬람 제국 등 열강의 공격을 받아 종교적 성지인 예루살렘은 초토화되었다. 유대인들은 1900년 동안 나라를 잃고 세계를 떠돌았으며, 유럽에서도 게토에 갇혀 살았다. 그럼에도 그들은 잡초처럼 다시 일어섰다. 힘겨운 역사를 이어 오면서도 유대인들은 늘 신의 약속과 보호를 믿으며 긍정적인 삶의 태도를 잃지 않았다. 긍정적인 태도는 불안과 위기를 떨쳐 내고 고난을 헤쳐 나가는 힘이 되었다.

4-1

흔들리지 않는 마음으로 산다는 것

진실함만큼 중요한 명함은 없다. 장사를 해도 속임수는 잠깐일 뿐이다. 좋은 관계를 유지하지 위해서는 진실함, 믿음, 신용이 가장 중요하다. 가족이든, 언론이든, 계약이든 진실이 흔들리면 전체가 부정되기 때문이다. 그래서 탈무드에서는 거짓말을 중죄로 여기고 있다. 진실과 양심만큼 사람을 올곧게 만드는 것은 없다. 사람과의 관계, 그리고 인생을 살아가는 태도는 바로 흔들리지 않는 굳건한 마음에서 비롯된다.

460 기회를 잡지 못한 도둑은 진실한 사람인 것처럼 행동한다.

A thief who fails to seize an opportunity acts like a true man.

461 어린아이들과 주정뱅이들의 입에서 진실을 배우게 된다.

You learn the truth from the mouths of young children and drunkards.

462 세계는 진실, 법, 평화의 세 기반 위에 서 있다.

The world stands on three foundations of truth, law, and peace.

463 진실이 없으면 자비도 없다.

No truth, no mercy.

464 거짓말을 해서는 안 되지만 진실 중에도 입에 담아서는 안 되는 것이 있다.

There are some truths that should not be told.

465 만일 사태가 좋아지지 않았다면 기다려라. 그렇지 않으면 더욱 나빠질 것이다.

Wait if things don't get better. Otherwise it will get worse.

아무리 난처한 상황에 처하더라도 양심을 지키면서 빠져나갈 방법은 있다. 하지만 그 방법을 찾기 전까지 우리는 수많은 유혹에 시달리게 될 것이다. 하지만 성급하면 성급한 만큼 일을 그르치게 될 수도 있다. 우리에겐 인내심이 필요하다. 흔들리지 않는 마음은 그런 우직함에서 비롯된다. 인내심을 가지고, 조바심 내지 않는다면 양심적인 방법이 신의 은총처럼 찾아올 것이다. 신은 우리로 하여금 시험에 들게 하지만, 마음을 더럽히면서 살아가게 두지는 않는다.

466 모든 것을 인내로 대하는 사람만이 모든 것에 도전한다.

Only he who treats everything with patience challenges everything.

467 인내력이 있어야만 비로소 집중력이 발화되고, 집중력을 지속할 수 있을 때 성공한 사람이 될 수 있다.

Only with patience can one become a successful person when one can concentrate and maintain one's concentration.

468 인내는 지식으로 가는 길의 절반이다.

Patience is half the way to knowledge.

469 인내는 항상 상호주의에 기초하고 있으며, 앞으로도 그럴 것이다.

Patience is always based on reciprocity, and will continue to be.

470 인내는 지식과 지혜의 원천이다.

Patience is a source of knowledge and wisdom.

471 사람은 새와 같다. 새는 점점 더 높이 날 수 있지만, 날개를 멈추지 않고 계속 움직일 때만 가능하다.

Man is like a bird. Birds can fly higher and higher, but only when they keep moving without stopping their wings.

472 인내력이 없는 사람은 스승이 될 수 없다.

A man without patience cannot be a teacher.

473 결국 인내하는 자는 대가가 된다.

In the end, he who perseveres becomes a price.

474 끊임없이 떨어지는 물방울이 돌을 부순다.

Constant dripping water breaks the stone.

475 진실은 차가운 것이지만 그것을 대하는 사람에 따라 색을 달리한다.

Truth is cold, but color varies depending on who treats it.

인간은 예측 능력을 가졌기 때문에 미래를 알고 싶어 한다. 자신의 능력으로 안 되면 타인의 힘이나 초월적인 존재에 기대기도 한다. 사회가 불안하거나 개인적으로 어려움에 빠질수록 이런 현상은 강해진다. 거리에는 운세를 점치는 사주, 별자리, 타로 등을 업으로 삼는 사람들과 사이비 종교인들이 넘쳐난다. 하지만 그 누구도 미래를 정확히 예측할 수 없다. 그러므로 오직 자기 자신을 믿고 견뎌야 한다.

4-2

모든 성공은 믿음에서 나온다

아무 일도 하지 않으면 아무 일도 일어나지 않는다. 하던 일만 계속한다면 잘할 수는 있겠지만 좋아하지 않는 일이라면 오히려 무력감에 빠질 수 있다. 다람쥐 쳇바퀴 돌 듯 발전이 없기 때문이다. 발전은 새로움에서 일어난다. 하던 일도 새롭게 하거나 아니면 새로운 일에 도전해야 발전이 있다. 그 발전으로 자신감이 생기고 인생이 변하는 것이다. 사람이 발전하기 위해서는 우선 자기 자신을 믿어야 한다.

476 이길 수 있다고 생각하면 이길 수 있다. 승리에는 신념이 필요하다.

You can win if you think you can. Victory requires faith.

477 자신을 믿어라. 자신의 능력을 신뢰하라. 겸손하지만 합리적인 자신감 없이는 성공할 수도 행복할 수도 없다.

Trust yourself. Trust your abilities. Without modest but reasonable confidence, one cannot succeed or be happy.

478 믿음이야말로 선함이 실현될 수 있는 최고의 조건이다.

Faith is the best condition for goodness to be realized.

479 믿음이 없다면 사람은 아무것도 해낼 수 없다.

Without faith, man cannot do anything.

480 아무도 신뢰하지 않는 자는 누구의 신뢰도 받지 못한다.

He who trusts no one is trusted by no one.

481 경험보다는 믿음이 진리를 더 빨리 파악한다.

Faith grasps the truth faster than experience.

482 모든 위대한 사업은 믿음으로부터 시작된 것이다.

All great business is from faith.

483 믿음이란 온 힘을 다해 노력하는 것이며, 과감한 모험이며, 어떤 상황에서도 봉사할 수 있는 힘이다.

Faith is a wholehearted effort, a bold adventure, and a power to serve under any circumstances.

484 자신이 옳다고 확신한다면 잘못된 사람들과 논의할 필요는 없다.

You don't have to discuss with the wrong people if you're sure you're right.

485 지나치게 믿으면 기만당할 수 있지만 충분히 믿지 않으면 고뇌 속에서 살게 된다.

If you believe too much, you can be deceived, but if you don't believe enough, you live in agony.

자기 자신을 믿는 것도, 남들에게 신뢰를 얻는 것도 인생에서 무척 중요한 요소이다. 거짓말만 하다가는 아무도 자신의 말을 믿어 주지 않을 것이고, 평판도 바닥으로 떨어질 것이다. 우리는 믿음을 갖고 일관성 있는 태도로 삶을 대해야 한다. 그러면 세상은 믿음이라는 형태로 보답해 올 것이다. 믿음은 하루아침에 바로 생기는 것이 아니다. 하루하루 신뢰가 쌓여서 굳건해지는 것이 바로 믿음이고, 성공의 비결이다.

486 기도를 통하여 우리는 신에 대한, 그리고 다른 사람에 대한 자세와 태도, 또한 마땅히 해야 할 일이 무엇인가를 명확히 알 수 있다.

Through prayer we can clearly see what posture and attitude to God and others, and also what should be done.

487 성공의 문을 열려면 밀거나 당기거나 해야 한다.

To open the door to success, one must push or pull.

488 마음에서 나온 말은 마음으로 들어간다.

Words from the heart go into the heart.

489 스스로의 노력만이 소유권을 보장한다.

Only one's own efforts guarantee ownership.

490 진정으로 신을 사랑하기 위해서는 먼저 인간을 사랑해야 한다. 신을 사랑하지만, 동료를 사랑하지 않는다고 말하는 사람은 거짓말을 하는 것이다.

To truly love God, you must first love human beings. He who loves God, but says he doesn't love his colleagues, is lying.

491 입술로 내뱉은 말의 가치는 마음의 헌신에 의해 결정된다.

The value of a word uttered out of the lips is determined by the devotion of the mind.

492 사람은 기적 때문이 아니라 믿음으로 신을 믿어야 한다.

One must believe in God by faith, not by miracle.

493 지위가 높을수록 과실에 대한 책임은 무겁다.

The higher the status, the heavier the responsibility for negligence.

494 다른 사람들의 믿음을 잃었을 때 사람은 가장 비참한 법이다.

A man is the most miserable when he loses the faith of others.

495 사람들을 신뢰하라. 그러면 그들은 당신에게 충실할 것이다. 사람들을 위대한 사람으로 대하라. 그러면 그들은 위대함을 보여 줄 것이다.

Trust people. Then they will be faithful to you. Treat people as great men. Then they will show greatness.

불가능을 가능으로 바꾸는 방법은 일단 불가능한 일을 해보는 것이다. 실제로 해보지 않는다면 불가능은 영원히 불가능으로 남는다. 불가능을 불가능으로 생각하고, 스스로의 실력을 믿지 못하기 때문에 자신감도 생기지 않는 것이다. 없던 자신감도 뭔가 하면 생긴다. 비록 실패로 끝날지라도 자신감으로 도전하지 않으면 아무 일도 할 수 없다. 자신감, 그 기반에는 바로 스스로를 향한 믿음이 자리하고 있다.

4-3

나를 성장하게 하는 고난

기쁨은 고난과 싸울 때 찾아온다. 고난과 슬픔 없이 항상 기쁘기만 한 인생은 없다. 우리의 인생은 끝까지 일직선으로 뻗은 고속도로가 아니라 끊임없이 굴곡이 나타나는 산길이다. 하지만 힘이 들어도 슬프고 고통스러운 일이 있어도 오르막길의 끝에는 기쁨의 정상이 있다. 그래서 성공하는 사람은 성공이 고난을 겪은 후에야 온다는 것을 알기 때문에 굴곡을 기꺼이 받아들인다. 고난 뒤에는 성장한 자기 자신이 있기 때문이다.

496 실패를 두려워하지 마라. 이것이 인간이 알아야 할 모든 것이다.

Don't be afraid of failure. This is all humans need to know.

497 앞이 막히면 옆을 보고 옆이 막히면 뒤를 보고 뒤도 막히면 위를 보라.

Look to the side when the front is blocked, look to the back if the side is blocked, and look to the top if the back is blocked.

498 실패하면 실망하겠지만, 시도해 보지 않으면 불행해질 것이다.

You will be disappointed if you fail, but you will be unhappy if you don't try.

499 승자가 즐겨 쓰는 말은 '다시 한 번 더 해보자.'이다. 패자가 즐겨 쓰는 말은 '해봐야 별수 없다.'이다.

The winner's favorite word is 'Let's try again'. The loser's favorite word is 'you can't do much'.

500 우리 모두가 상처를 받을 수 있고 언젠가 실패할 수 있다는 것을 받아들여라.

Accept that we can all be hurt and fail one day.

501 우리가 따라야 할 규칙이 있다면, 최악의 경우에 위험을 감수할 수 있어야 한다는 것이다.

That if we have rules to follow, we should be able to take risks in the worst case scenario.

502 승자는 눈을 밟아 길을 만들지만, 패자는 눈이 녹기를 기다린다.

The winner steps on the snow to make a path, but the loser waits for the snow to melt.

503 미래를 생각하라. 과거를 생각해서는 안 된다.

Think of the future. You shouldn't think about the past.

504 유대인처럼 죽는 것은 도전이 아니다. 진정한 도전은 유대인처럼 사는 것이다.

Dying like a Jew is not a challenge. The real challenge is to live like a Jew.

505 노동이 몸을 단단하게 만드는 것처럼 고난과 역경은 마음을 강해지게 한다.

Just as labor strengthens the body, hardship and adversity strengthen the mind.

인간의 뇌는 성장에서 기쁨을 찾도록 설계되어 있다. 현실에 안주하게 되면 지루함을 느끼게 될 것이다. 빛이 있어야 그림자가 생기는 것처럼, 행복은 고난이 있어야 비로소 빛날 수 있다. 고난 뒤에 맛보는 성장의 기쁨이야말로 우리를 행복하게 만들어 줄 수 있다. 유대인이 고난의 역사를 긍정할 수 있는 것도 이 때문이다. 그들은 그런 민족의 아픔 이후에 성장이 도래하였다고 믿는다.

506 날마다 오늘이 당신의 마지막 날이라고 생각하라. 날마다 오늘이 당신의 맨 처음 날이라고 생각하라.

Think every day today is your last day. Think of today as your first day every day.

507 가시에 찔리지 않고서는 장미꽃을 모을 수 없다.

You can't collect roses without being stabbed by a thorn.

508 고난은 사람의 참된 값어치를 시험하는 시금석이다.

Hardship is a touchstone for testing a person's true worth.

509 고난이 있을 때마다 그것이 참된 인간이 되어 가는 과정임을 기억해야 한다.

Whenever you have a hard time, remember that it is the process of becoming a true human being.

510 승자는 문제 속에 뛰어든다. 패자는 문제의 변두리에서만 맴돈다.

The winner jumps into the question. Losers only hover around the edge of the problem.

511 고통에서 도피하지 말라. 고통의 밑바닥이 얼마나 감미로운가를 맛보라.

Do not escape from the pain. Taste how sweet the bottom of the pain is.

512 고통은 인간을 생각하게 만든다. 사고는 인간을 현명하게 만든다. 지혜는 인생을 견딜 만한 것으로 만든다.

Pain makes us think. Thinking makes humans wise. Wisdom makes life tolerable.

513 곤란한 일일수록 재미있다고 우선 생각하라. 무엇이든 어려운 일일수록 재미가 증가하는 법이다.

First of all, think that the more difficult it is, the more interesting it is. The more difficult things are, the more fun it is.

514 행동하는 평범한 사람은 행동하지 않는 뛰어난 사람보다 더 멀리 간다.

Ordinary people who act go farther than outstanding people who do not act.

515 성공도 실패도 다 습관이다.

Success and failure are both habits.

힘들이지 않고 올라간 산꼭대기에서 바라보는 풍경은 과연 힘들여 올라간 사람이 바라보는 것과 같을까? 분명 느낌이 다를 것이다. 하지만 어느 누구든 정상에서 내려와 가만히 있는다면 공허감에 빠져 우울증에 걸릴 수 있다. 승리감을 마냥 만끽하기보다는 고통스러워도 또 다른 산을 올라야 한다. 그렇게 오르는 산의 정상에서는 새로운 기쁨이 기다리고 있기 때문이다. 사람은 고난이 있어야 성장한다. 그렇게 성장하면 후회 없는 성공한 삶을 살 수 있을 것이다.

4-4

인생의 바이블을 만들어라

수학 공식을 안다고 해서 모든 문제를 풀 수는 없다. 하지만 공식을 모르면 어떤 문제도 풀 수 없다. 세상 사는 이치도 마찬가지이다. 모르면 힘들게 사는 것이고 알면 좀 더 수월하게 살 수 있다. 사는 게 힘들다면 둘 중 하나이다. 이치를 모르거나, 그것을 실천하지 않기 때문이다. 하지만 세상 사는 이치를 몰라서 힘들게 사는 사람이 과연 얼마나 될까? 다들 알면서도 실천하기가 어려워서 손 놓고 있는 것이다. 그럴 때일수록 스스로에게 엄격한 사람이 성공한다.

516 위대한 자는 결코 위대함을 느끼지 않고 작은 자는 결코 작음을 느끼지 않는다.

The great never feel great and the small never feel small.

517 모든 사람들에게 인사하는 일을 맨 처음 하라.

Be the first to say hello to everyone.

518 태양은 당신이 없어도 뜨고 진다.

The sun rises and sets without you.

519 때때로 한 번의 실수가 일곱 명의 조언자보다 더 유익하다.

Sometimes one mistake is more beneficial than the seven advisors.

520 백향목의 크기는 그 그늘을 보고 잴 수 있고, 사람의 크기는 그의 겸손함에 의해 측정된다.

The size of cedar can be measured by the shade, and the size of a person is measured by humility.

521 몸을 굽히고 진리를 주워라.

Bend your body and pick up the truth.

522 겸손은 지혜를 둘러싼 울타리이다.

Modesty is the fence around wisdom.

523 지나치게 겸손한 것은 거만한 것과 마찬가지다.

Being overly modest is like being arrogant.

524 신이 천지창조의 맨 마지막 날에 사람을 만든 것은 교만함을 없애기 위해서다.

God created man on the last day of the creation of heaven and earth to eliminate arrogance.

525 겸손은 모든 장식품 중에서 가장 고귀하다.

Modesty is the noblest of all ornaments.

스스로 엄격하다는 것은 자존감을 깎아내리면서까지 자학을 하는 것이 아니다. 바로 자신만의 올바른 기준을 세워두고 그것만큼은 꼭 지키며 실천하고 사는 것이다. 실천은 어렵다. 하지만 어려움이 삶의 가치를 만든다. 사람은 자만하지 말고 겸손할 줄 알아야 하며, 자기 자신의 실력과 인성을 갈고닦으며 남을 도와야 한다. 그것을 모두 실천하는 자는 성공해서 남들의 부러움과 존경심을 살 수 있다.

526 자신의 겸손함을 뽐내는 사람보다 더 나쁜 교만은 없다.

There is no arrogance worse than a person who shows his humility.

527 명예 앞에는 겸손이 서야 한다.

Humility must stand before honor.

528 거짓말쟁이는 자기처럼 모든 사람이 거짓말을 한다고 믿는다.

A liar believes that everyone lies, just like himself.

529 거짓말쟁이에게 주어지는 최대의 벌은 진실을 말했을 때도 사람들이 믿어 주지 않는 것이다.

The greatest punishment given to a liar is something people don't believe even when they tell the truth.

530 거짓말은 거짓말을 낳는다.

Lies breed lies.

531 거짓말쟁이가 되기보다는 바보가 되어라.

Be a fool rather than a liar.

532 진실을 말하든 거짓을 말하든 간에 사과하는 사람의 말은 받아들여라.

Whether you tell the truth or lie, accept the words of the apologist.

533 내일을 자랑하지 말라. 그날이 어떻게 올지 당신이 알지 못하기 때문이다.

Don't brag about tomorrow. Because you don't know how that day will come.

534 능력이 부족할수록 자만심이 더 강해진다.

The less capable, the stronger the conceit becomes.

요즘 세상에서는 단 몇 분만 투자하면 인터넷에서 잘 사는 법을 찾아낼 수 있다. 이것조차 안 하겠다면 그냥 힘들게 살면 된다. 하지만 그 많은 좋은 방법이 있는데 사람들은 왜 힘들게 살고 있을까? 문제는 실천이다. 해 오던 것을 끊어야 하고, 하기 싫은 것을 해야 성공할 수 있다. 최소한 지금보다 더 나은 삶을 살 수 있다. 알고도 미루기만 하던 일, 단 한 가지라도 시작해 보면 어떨까?

4-5

희망을 놓으면 삶은 끝난다

행복은 저절로 얻어지거나 거저 주어지는 것이 아니다. 아무런 노력을 하지 않는 사람에게 행복의 열매는 열리지 않는다. 계속되는 고난 속에서 무슨 행복을 찾느냐고 반박하는 사람도 있다. 하지만 끝이 없는 고난은 없고 그 고난을 견뎌 냈을 때 비로소 진정한 행복을 느낄 수 있다. 태어나서부터 죽을 때까지 행복한 환경 속에서 산다면 행복의 의미를 제대로 알 수 있을까? 또한 고난을 헤쳐 나가는 것에는 아주 중요한 준비물이 있다. 바로 희망이다.

535 과거의 실패를 극복하고 그것을 변혁시키려는 희망이야말로 인간이 가진 매력이다.

Hope to overcome past failures and transform them is the attraction of man.

536 내가 보아 온 인생 최고의 성공자들은 모두가 늘 명랑하

고 희망에 가득 차 있는 사람들이었다.

The best successes I've ever seen in my life are people who are always cheerful and full of hope.

537 막다른 곳에 다다랐을 때는 온몸을 바쳐 부딪쳐라.

When you're at a dead end, give yourself your whole body and hit it.

538 모든 희망은 인간에게 허락되어 있다. 세상에서 사라져 버리겠다는 희망까지도.

All hope is granted to man. Even hope to disappear from the world.

539 보잘것없는 재산보다 훌륭한 희망을 가지는 것이 훨씬 희망적이다. 재산을 너무 욕심내지 말자. 재산보다는 희망을 욕심내자.

It is far more wishful to have excellent hope than a humble property. Let's not be too greedy for property. Let's be greedy for hope rather than wealth.

540 사람은 신념과 함께 젊어지고 의욕과 함께 늙어 간다. 사람은 자신감과 함께 젊어지고 공포와 함께 늙어 간다. 희망이 있는 한 젊고 실망과 함께 늙는다.

One grows young with faith and old with will. One grows young with confidence and old with fear. As long as there is hope, young and old with disappointment.

541 사람은 희망에 속기보다 절망에 속는다.

One is deceived by despair rather than by hope.

542 생명이 있는 한 희망이 있다. 희망은 만사가 용이하다고 가르치고, 실망은 만사가 곤란하다고 가르친다.

As long as there is life, there is hope. Hope teaches that everything is easy, and disappointment teaches that everything is difficult.

543 역경에 처했다고 상심하지 말고 성공했다고 지나친 기쁨에 휩쓸리지 말라.

Don't be heartbroken by adversity, and don't be carried away by excessive joy just because you succeed.

544 아무리 최악의 상황에서라도 인간은 희망을 잃어서는 안 된다. 나쁜 일이 좋은 일로 바뀌는 일도 없지 않다는 사실을 알아야 한다.

No matter how bad the situation is, man should not lose hope. You should know that bad things don't always turn into good things.

희망이 없다면, 삶은 살아갈 가치가 없는 것으로 전락해 버릴 것이다. 왜냐하면 더 나아질 거라는 기대가 좌절된 것이기 때문이다. 실제로 아우슈비츠에서 살아남은 유대인들은 언젠가 풀려날 것이라는 믿음, 즉 희망이 있었기에 살아서 생지옥을 나올 수 있었다고 한다. 그러니 유대인들이 얼마나 희망을 중요시하는지는 우리가 배워야 할 부분이다. '이번에는 꼭'이 아니라 '언젠가는 꼭'이라는 마음으로 무한한 희망을 가지면, 불가능을 가능으로 만들 수 있다.

545 위대한 희망은 위대한 인물을 만든다. 산은 오르는 사람에게만 정복된다.

Great hope makes great men. The mountain is conquered only by the ascendant.

546 위대한 희망이 가라앉는 것은 해가 지는 것과 같다. 그것은 인생의 빛이 사라진 것이나 다름없다.

The sinking of great hopes is like sunset. It is almost as if the light of life has disappeared.

547 인내하라, 경험하라, 조심하라. 그리고 희망을 가져라.

Patience, Experience, Careful. And have hope.

548 잠이 꿈을 주듯, 바다는 사람에게 희망을 준다.

Just as sleep gives you dreams, the sea gives you hope.

549 절망은 죽음에 이르는 병이다. 쉽게 절망하여 포기하면 마음까지 해친다.

Despair is a disease that leads to death. If you give up easily in despair, it hurts your heart.

550 절망이란 어리석은 사람의 결론이다.

Despair is the conclusion of a foolish man.

551 희망은 가난한 인간의 빵이다.

Hope is poor human bread.

552 성공하는 데는 강한 용기와 새로운 의지가 필요하다. 그것들은 희망을 가질 때 갖추어진다.

Success requires strong courage and new will. They are equipped when they have hope.

553 희망은 사람을 성공으로 이끄는 신앙이다.

Hope is a faith that leads one to success.

554 희망은 영원히 인간의 가슴속에 샘솟는다.

Hope springs into the human heart forever.

헬렌 켈러는 '보이지 않으면 삶의 밝은 면이 보인다.'고 했다. 행복은 외부의 절대적 상황이 아니라 내부의 상대적 상황이다. 어둠 속에서도 마음은 빛을 볼 수 있다면 그것이 바로 행복이다. 어떠한 환경에서도 열매를 맺게 할 수 있는 행복의 씨앗은 무엇일까? 어떠한 환경에서도 만족할 수 있는 마음과 더 나아질 거라는 희망이다. 희망이 우리를 앞으로 나아가게 만드는 에너지이다. 우리는 희망만 잃지 않아도 인생에서 꽤 많은 성공을 거둘 수 있다.

4-6

정면 돌파만이 문제의 해답

사람들은 자신의 독자적인 성장보다는 항상 다른 사람과의 비교 우위를 목표로 하는 성향이 있다. 그래서 '향상 목표(improvement goal)'보다는 '성과 목표(performance goal)'를 정하고 어떤 선에 도달하려고 한다. 그리고 그러지 못했을 때 패배감, 열등감을 느끼게 되는 것이다. 비록 그 목표를 달성하지 못했을지라도 그 과정 속에서 자신이 성장하는 부분을 무시하는 셈이다. 이 경우에 우리는 다시 도전할 의욕을 잃어버린다. 그렇지만 도전 정신 없이는 성공할 수 없다.

555 과거는 미래를 위해 선로를 놓는다.

The past sets tracks for the future.

556 현재는 항상 미래의 대가를 지불해야 한다.

At present, you always have to pay for the future.

557 오늘 행복한 사람이 반드시 내일도 행복한 것은 아니다.

A person who is happy today is not necessarily happy tomorrow.

558 반성하는 자가 서 있는 땅은 가장 위대한 랍비가 서 있는 땅보다 더 가치가 있다.

The land on which the self-reflector stands is worth more than the land on which the greatest rabbi stands.

559 행동한 만큼 당신의 삶은 변화된다.

Your life changes as much as you act.

560 한 번도 실패해 보지 않은 사람은, 한 번도 새로운 시도를 해본 적이 없는 사람이다.

A man who has never failed, has never tried anything new.

561 시도했다가 실패하는 것은 죄가 아니다. 유일한 죄악은 시도하지 않는 것이다.

It's not a sin to try and fail. The only sin is not to try.

562 꿈을 향해 대담하게 나아가고 상상한 삶을 살기 위해 노력한다면, 평범한 시기에 뜻밖의 성공을 접하게 될 것이다.

Take a bold step towards your dream and make an effort to live an imagined life, and you will encounter unexpected success in an ordinary time.

탈무드에서 강조하는 또 다른 가치는 바로 '도전'이다. 실패해도 다시 시도하고, 이번에는 좀 더 잘하게 되는 것이 바로 도전이다. 실패했다고 바로 좌절하는 것은 진정한 도전이 아니다. 진정한 도전은 실패하더라도 그 과정에서 스스로가 얼마나 성장했는지 되새기고, 그것을 바탕으로 "이번에는 더 잘할 수 있다."라는 자신감이 생기는 일이다. 실패해도 다시 일어날 힘을 주는 것은 희망과 도전이다. 도전 정신을 잃는다면 어느 누구도 자신이 원하는 바를 이룰 수 없을 것이다.

563 용감하다는 것은 일어나기를 한 번 더 하는 것이다.

To be brave is to get up once more.

564 가장 큰 위험은 위험을 감수하지 않는 것이다.

The greatest risk is not to take risks.

565 배우려는 학생은 부끄러워해서는 안 된다.

Students who want to learn should not be ashamed.

566 '할 수 있다'고 말하다 보면, 결국 실천하게 된다.

If you say 'you can,' you end up doing it.

567 열정 없이 사느니 차라리 죽는 게 낫다.

I'd rather die than live without passion.

568 도전을 받아들여라. 그러면 승리의 쾌감을 맛볼지도 모른다.

Accept the challenge. Then you may taste the pleasure of victory.

569 도전은 인생을 흥미롭게 만들며, 도전의 극복이 인생을 의미 있게 한다.

Challenges make life interesting, and overcoming them makes life meaningful.

570 위대한 업적은 대개 커다란 위험을 감수한 결과이다.

Great achievements are usually the result of taking great risks.

571 아무런 위험 없이 승리하는 것은 영광 없는 승리일 뿐이다.

Winning without any danger is just a triumph without glory.

572 계산된 위험은 감수하라. 이는 단순히 무모한 것과는 완전히 다른 것이다.

Take the calculated risk. This is completely different from being simply reckless.

현재 사회는 계속 경쟁이 심화되고 있기 때문에 다른 사람보다 앞서 가기 위해서는 '성과 목표'의 추구가 당연할 수 있다. 하지만 다른 사람들과의 경쟁보다 더 중요한 것은 나를 이기는 것이다. 그 승리는 나의 선을 계속해서 넘어갈 때 찾아온다. 성장을 통한 승리를 이룰 때 경쟁에서도 승리할 수 있다. 그때는 더이상 다른 사람을 경쟁 상대로 생각하지 않게 되기 때문이다. 다시 도전하면 더 좋은 성과를 얻을 수 있지 않을까?

4-7

후회 없는 삶을 만들어 가는 방법

모든 일에는 후회하는 순간이 있기 마련이다. 백 퍼센트 만족스럽게 일을 하지 않은 이상, 잘못해서 후회하고 더 잘하지 못해서 후회한다. 그런데 후회한다는 것은 이미 어떤 일이 일어난 이후이다. 다시 말해, 후회한다고 해서 일이 되돌려지지 않는다는 것이다. 지나간 일에 대해 후회만 하지 말고 다시는 그런 일이 일어나지 않게 노력하는 것이 절실하다. 후회 없는 삶을 살기 위해서는 여러 가지 방면에서의 노력이 필요하다.

573 사람들은 저지르고 난 뒤에 후회하는 것보다 하고 싶었던 일을 못한 것에 대해 더 후회한다.

People regret more about not doing what they wanted to do than regret after committing it.

574 너무 지나치게 후회해서는 안 된다. 옳은 일을 할 용기가 해를 입기 때문이다.

You shouldn't regret too much. Because the courage to do the right thing is harmed.

575 지금 그것을 하지 않으면, 언제 할 수 있는 날이 있을까?

If I don't do it now, when can I do it?

576 심사숙고는 안전을 보장하지만, 경솔함의 뒤에는 후회가 따른다.

Consideration guarantees safety, but regret follows behind imprudence.

577 내 인생에서 한 가지 후회는 내가 남이 아니라는 것이다.

One regret in my life is that I'm not a stranger.

578 결혼식이 끝난 후 후회하기에는 너무 늦다.

It's too late to regret after the wedding.

579 후회를 독점하는 사람은 아무도 없다.

No one monopolizes regret.

580 젊은이는 실수를 하고 중년층은 싸움을 하며 노인은 후회를 한다.

Young people make mistakes, middle age fights, old age regrets.

581 부자로 병들고 후회하는 것보다 가난뱅이로 술 취하지 않고 건강한 것이 낫다.

It is better to be sober and healthy as a poor man than to be sick and regretful.

582 절반의 후회는 그 목적의 절반도 달성하지 못한다.

Half regret does not achieve even half its purpose.

후회는 되던 것도 안 되게 만드는 우리 마음 속 부정적인 요인 중 하나이다. 과거만 곱씹고 되뇌다 보면 미래마저 과거로 채워지게 될 것이다. 그것은 좋지 못하다. 아직 앞날이 창창한데 자신의 실수나 환경에 대해 자꾸만 후회한다면 그것만큼 끔찍한 시간 낭비는 없을 것이다. 후회는 자기 자신을 과거에 가두는 행위이다. 과거에 갇혀 산다면 아무리 시간이 흘러도 유의미한 결실을 거두기 어렵게 될 것이다.

583 절대 과거를 후회하지 마라. 오늘의 실수와 어리석은 일도 가능한 빨리 잊어버려라.

Never regret the past. Forget today's mistakes and follies as soon as possible.

584 인생은 오늘의 내 안에 있고, 내일은 스스로 만드는 새

로운 하루다.

Life is in me today, and tomorrow is a new day that I make for myself.

585 자주 화를 내고 인내심이 없는 사람은 가르칠 수 없다.

You can't teach someone who is often angry and impatient.

586 지옥의 모든 악마들은 분노한 사람을 지배한다.

All demons of hell rule the angry.

587 끓는 주전자가 뜨거운 물을 옆으로 흘린다.

A boiling kettle spills hot water to the side.

588 노하기를 더디 하는 사람은 이해심이 많지만 마음이 조급한 사람은 어리석게 행동한다.

He who is slow to anger is understanding but impatient shows folly.

589 낭비한 시간에 대한 후회는 더 큰 시간 낭비이다.

Regret over wasted time is a greater waste of time.

590 후회란 천국을 바라보면서 지옥을 느끼는 것이다.

Regret is to look at heaven and feel hell.

591 나이가 들수록 해보지 않은 것에 대해서만 후회한다는 것을 발견하게 될 것이다.

As you get older, you'll find that you regret only what you haven't done.

592 한때 자신을 미소 짓게 만들었던 것에 대해 절대 후회하지 마라.

Never regret what once made you smile.

감정에 휘둘려서 주변 사람들에게 함부로 하고 상처를 주는 경우가 많다. 그래서 죽음을 앞두고 사랑하는 사람들에게 미안한 것이다. 우리는 주로 나쁜 일에 대해 후회하기 때문에 마지막 순간에는 그런 일들만 생각난다. 이 사실을 알게 된 우리는 어떻게 해야 할까? 당연히 살아 있을 때 잘해야 하는 것이다. 주변 사람들에게 나쁜 감정보다는 좋은 감정을 더 많이 표현하고 더 많이 사랑해야 한다. 그렇다면 분명 후회는 줄어들고 미래를 내다볼 수 있게 될 것이다.

4-8

바른 기준과 생각을 갖는다는 것

우리는 중요하고 쓸모가 있는 것에 대해 가치 있다고 표현한다. 사람들은 모두 독특한 가치를 지니고 있으며, 우리는 가치의 관점을 통해 가치 있는 것을 구별하고 선택할 줄 안다. 그래서 가치는 다른 의미로 볼 때 행동 선택의 기준이 된다. 올바른 기준을 가지려면 올바른 교육, 올바른 가르침을 받아야 한다. 탈무드가 바로 이런 가치의 기준이 되는 가르침이다. 바른 기준과 생각을 가지는 것이 유대인의 성공 비결이라고 할 수 있다.

593 정신의 게으름은 육체의 게으름보다 더 크다.

The laziness of the mind is greater than the laziness of the flesh.

594 육체적 질병보다 정신적 질병이 더 나쁘다.

Mental illness is worse than physical illness.

595 어떤 의사도 편견을 치료할 수 없는데, 그것은 마음속의 질병이기 때문이다.

No doctor can cure prejudice, because it is a disease in the mind.

596 선택의 여지가 없을 때는 용기의 정신을 발휘하라.

Use the spirit of courage when you have no choice.

597 영혼과 정신의 승리를 얻는다면 이따금 질 수도 있지만, 결국 당신이 이긴다.

If you win your soul and spirit, you may lose once in a while, but in the end you win.

598 마음은 당신의 사고방식과 태도에 달려 있다.

Your mind depends on your way of thinking and attitude.

599 다른 사람들에게 당신의 생각과 마음을 통제할 힘을 주지 마라.

Don't give others the power to control your thoughts and minds.

600 스스로 자신의 삶을 통제하지 않으면 다른 사람이 통제를 시도하게 된다.

If you don't control your own life on your own, someone else tries to control it.

601 수줍음이 많은 사람은 배우지 못하며, 엄격한 사람은 가르칠 줄 모른다.

A shy man cannot learn, and a strict man is a man who cannot teach.

602 누구든지 가족을 부끄럽게 하는 사람에게는 복이 없다.

Anyone who embarrasses his family is unlucky.

유대인들은 조상의 지혜와 전통을 소중하게 여긴다. 대대로 이어져 온 현명한 가르침의 바탕 위에 배운 지식을 체득한다. 그러나 많은 지식을 습득하기만 하는 것은 소위 '글로 배운다'는 개념과 다를 바 없는 정보의 암기에 그칠 수 있다. 대부분 우리들은 학교에서 암기식, 주입식으로 지식을 배워 왔다. 하지만 지혜는 실천하는 지식이다. 지식을 올바르게 응용하고 활용할 수 있는 능력이다. 다시 말해 여러 지식을 바른 가치관이라는 실로 꿰어 진주 목걸이를 만들어 내는 것이다.

603 부끄러운 줄 아는 사람에게는 항상 희망이 있다.

There is always hope for someone who is ashamed.

604 답을 모르더라도 대답하되, 부끄러워하지 말라.

Answer, even if you don't know the answer, but don't be shy.

605 나의 일은 부끄러운 것이 아니다.

My work is nothing to be ashamed of.

606 이상한 바보는 우스꽝스럽지만, 자기 자신의 어리석음은 부끄러운 것이다.

A strange fool is ridiculous, but his own folly is shameful.

607 우리 모두가 그들 중에 포함될 것이니, 나이든 사람을 부끄러워하지 말라.

We'll all be among them, so don't be ashamed of the old.

608 의인을 기념할 때에는 칭찬을 하지만 악인의 이름은 썩게 된다.

In memory of the righteous, praise is given, but the name of the wicked is rotten.

609 사람은 남들이 행한 것보다 자기가 행한 선행과 호의를 더욱 잘 기억한다.

A man remembers his good deeds and favors better than what others have done.

610 사람의 기억은 역사다. 기억이 없는 사람, 곧 역사가 없는 사람은 더 현명해질 수 없다.

Human memory is history. He who has no memory, that is, no history, cannot be wiser.

611 남자의 성격을 보여 주는 세 가지가 있다. 음주, 주머니 그리고 분노다.

There are three things that show a man's personality. It's drinking, pocket and anger

한 걸음씩 천천히 걸어가도 목적지에 도달할 수 있다고 생각해서는 안 된다. 한 걸음 그 자체에 가치가 있어야 한다. 큰 성과는 가치 있는 일들이 모여 이룩되는 것이다. 실속 있는 성과를 얻으려면 그 한 걸음이 힘차고 충실하지 않으면 안 된다. 부정적인 방법으로 성공을 꾀한다면 그것은 진정한 성공이 아니다. 우리가 얻게 될 수고와 노력의 결과로 얻어지는 열매만큼, 땀 흘리고 애쓴 과정도 가치가 있다. 보이지 않고 다른 사람이 알아주지 않을지라도 말이다.

“나만의 탈무드 명언 필사 노트”

앞서 읽은 구절 중 나의 것으로 만들고 싶은 명언이 있다면, 핸드폰으로 찍은 후 직접 손으로 옮겨 적어 나만의 탈무드를 만들고 개인 SNS에 올려 보세요.

22.

23.

24.

25.

26.

27.

28.

PART 5

세상을 움직이는 상위 1% 유전자들

미국 인구의 약 1.5%를 차지하는 유대인들은 그들 특유의 재능으로 경제, 학문, 문화, 예술, 언론, 스포츠 등 거의 모든 주요 분야들을 차례로 접수하였다. 그리고 할리우드 영화사들뿐 아니라 주요 기업, 금융기관, 언론사들의 설립자들 중 다수가 러시아, 폴란드, 헝가리, 독일 등에서 이주한 동유럽/중유럽계 유대인이고 미국의 모든 분야에서 커다란 영향을 미치는 위치를 차지하고 있다. 미국 유대인은 소수 인구이지만 전체 GDP의 20% 이상을 장악하고 있는 부자, 엘리트 집단인데도 부자에 대한 증세, 강한 정부, 빈부격차 완화 같은 서민 장려 정책을 지지하기도 한다. 그것은 탈무드의 가르침 때문이기도 하다.

5-1

천재 과학자 알베르트 아인슈타인

우리에게 위인 과학자로 잘 알려진 아인슈타인은 20세기 물리학 발달에 일대 충격이라고 할 만한 혁신적인 발견들을 이루었다. 흔히 '아이작 뉴턴 이후 가장 중요한 물리학자'라고 불릴 정도였다. 아인슈타인의 연구들은 산업 전반(특히 전자공학과 반도체)과 병기공학, 광학, 군사전술, 원자력 발전과 같은 현대인의 삶과 밀접한 분야들의 핵심이 되었고 그의 이론으로 탄생한 핵무기를 포함한 다양한 발명품들은 국가 간의 외교 전략을 완전히 바꾸어 버렸으며 인류의 삶을 변화시켰다.

612 나는 상상력을 자유롭게 이용하는 데 부족함이 없는 예술가다. 지식보다 중요한 것은 상상력이다.

I'm an artist who has no shortage of using imagination freely. Imagination is more important than knowledge.

613 지식은 한계가 있다. 하지만 상상력은 세상의 모든 것을

끌어안는다.

Knowledge has its limits. But imagination embraces everything in the world.

614 네 자신의 무지를 결코 과소평가하지 마라.

Never underestimate your own ignorance.

615 만유인력은 사랑에 빠진 사람을 책임지지 않는다.

The universal gravitation is not responsible for anyone in love.

616 나는 미래에 대해 생각하는 법이 없다. 어차피 곧 닥치니까.

I never think about the future. It'll be soon anyway.

617 어제와 똑같이 살면서 다른 미래를 기대하는 것은 정신병 초기 증세다.

Living just like yesterday and expecting a different future is an early sign of mental illness.

618 성공한 사람보다는 가치 있는 사람이 되어라.

Be a worthy person rather than a successful one.

619 모두가 비슷한 생각을 한다는 것은, 아무도 생각하고 있지 않다는 말이다.

Everyone has similar ideas, which means no one's thinking.

620 종교 없는 과학은 절름발이이며, 과학 없는 종교는 장님이다.

Science without religion is lame, religion without science is blind.

621 나는 똑똑한 것이 아니라 단지 문제를 더 오래 연구할 뿐이다.

I'm not smart, I'm just studying problems longer.

그는 어렸을 때부터 천재성을 보였는데 12~16살에는 미적분을 혼자서 공부했다고 하며, 특히 유클리드 기하학을 보고 그 논리성에 감탄했다고 한다. 이후 인문계 고등학교에 진학했는데 수학, 물리학에 심취하여 당시 교육 과정을 뛰어넘어 교사들도 쩔쩔매는 질문을 해서 유명한 학생이 된다. 이런 아인슈타인의 초월 질문에 교사들은 "너의 질문을 이해하지 못하겠다."라고 대꾸했는데, 이게 와전되어 아인슈타인이 공부를 못하는 아이였다는 식으로 떠돌게 된 것이란 얘기도 있다.

622 기술의 진보는 병적인 범죄자의 손에 든 도끼와 같다.

Technological progress is like an ax in the hands of a pathological criminal.

623 문화의 가치를 소중히 여기는 사람이라면 평화주의자가 아닐 리 없다.

Anyone who values the values of culture must be a pacifist.

624 우리는 아직 자연이 보여 준 모습의 10만분의 1도 모른다.

We don't even know one-hundredth of a millionth of what nature has shown us yet.

625 평화는 무력으로 유지할 수 없다. 오직 이해를 통해 유지될 수 있다.

Peace cannot be maintained by force. It can only be maintained through understanding.

626 지혜는 학교에서 배우는 것이 아니라 평생 노력해 얻는 것이다.

Wisdom is not something you learn at school, but something you try and get for life.

627 인생의 비극이란 사람들이 사는 동안 가슴과 영혼에서

숨을 거둔 것들이다.

The tragedy of life is the deaths of people in their hearts and souls during their lives.

628 이 세상에서 가장 이해할 수 없는 말은 이 세상을 이해한다는 것이다.

The most incomprehensible word in the world is to understand this world.

629 정말 위대하고 감동적인 모든 것은 자유롭게 일하는 이들이 창조한다.

Everything really great and touching is created by those who work freely.

630 실험을 아무리 많이 해도 내가 옳음을 결코 입증할 수 없다. 단 하나의 실험만으로도 내가 틀렸음을 입증할 수 있기 때문이다.

No matter how much experimentation I do, I can never prove that I have transferred it. Because I can prove myself wrong with just one experiment.

631 삶을 사는 데는 두 가지 방식이 있다. 기적은 없다고 믿

든가 아니면 모든 것이 기적이라고 믿는 삶이다. 나는 후자를 믿는다.

There are two ways to live a life. It's a life of believing there's no miracle or believing everything is a miracle. I believe in the latter.

아인슈타인은 물리학자나 연구원, 과학뿐만 아니라 전 세계 일반인의 사고에도 큰 영향을 끼쳤다. 그의 헤어스타일, 표정, 얼굴 주름, 패션, 눈빛 등 개인의 이미지들이 천재의 상징, 대명사와도 같은 영향력을 가지게 되었기 때문이다. 핵폭탄을 만들었다는 잘못된 상식으로 알려져 있지만, 그는 영원한 평화주의자이자 세계 최초로 핵무기 반대운동을 시작한 인물들 중 하나였다. 그는 "내가 만약 히로시마와 나가사키의 일을 예견했었다면, 1905년에 쓴 공식을 찢어 버렸을 것이다."라고 말했다고 한다.

5-2

세계적으로 존경받는 빌 게이츠

누구나 알고 있는 빌 게이츠는 미국의 기업인, 기부 재단 이사장, 프로그래머이며 전 세계 PC 운영체제 시장의 무려 76.52%를 점유하고 있는 Microsoft Windows의 개발사 마이크로소프트의 창업주이다. 하버드 대학교를 중퇴하고도 MS-DOS와 Windows로 성공 신화를 써내려 갔으며, 80~90년대에는 IT 업계 하면 가장 먼저 떠오르는 인물일 정도로 인기가 있었다. 그는 1995년부터 2017년까지 20여 년간 세계 부자 순위 1위를 차지했던 인물이다.

632 주어진 삶에 적응하라. 적응한 자만이 살아남는다.

Adapt to a given life. Only those who adapt survive.

633 피할 수 없는 현실이라면 수용하라.

Accept the inevitable reality.

634 인생은 공평하지 않다는 것을 명심하라.

Keep in mind that life is not fair.

635 성공은 자아실현의 욕구가 존재할 때 이루어진다.

Success comes when there is a desire for self-actualization.

636 성공은 삶과 인격과 의상을 바꿔 준다.

Success changes life, personality, and clothes.

637 성공은 쉽게 만족하지 않고 계속 전진할 때 온다.

Success comes when you are not easily satisfied and keep moving forward.

638 성공은 자만심을 버릴 때 이루어진다.

Success comes when you give up your hubris.

639 자신의 단점에 도전하라.

Challenge your shortcomings.

640 머뭇거리지 말고 목표를 향해 달려가라.

Don't hesitate and run toward your goal.

641 큰일이든 작은 일이든 시종일관 충실하라.

Be faithful all the time, whether big or small.

흔히 IT 분야에 젊은 사업가가 나타나면 제2의 빌 게이츠라는 말을 많이 하는데, 그중에 게이츠처럼 학문적인 성취를 이룬 사례는 거의 없다. 대학원에 진학해도 게이츠의 논문만큼 중요한 논문을 못 쓰고 학위를 받는 사람들도 많다. 언젠가 한 회사가 게이츠의 소문을 듣고 회사 컴퓨터를 맡겼는데, 암호표도 주지 않곤 암호 걸린 회사 기밀문서를 읽으라고 시키자 그 자리에서 문서의 암호를 깨 버려 위험인물로 낙인 찍혀 강제 퇴직을 당한 전적이 있다. 게이츠는 그 퇴직금으로 앨런과 함께 회사, 즉 마이크로소프트를 차렸다.

642 좋은 기회는 때때로 한 번뿐일 수 있다.

Good opportunities can sometimes only be one.

643 기회를 포착하는 것이 지혜다.

It is wisdom to discover opportunities.

644 타인을 대우하는 것은 곧 자신을 대우하는 것이다.

To treat others is to treat yourself.

645 올바른 시간 관리를 위해 계획을 수립하라. 절대 오늘을 놓치지 말라.

Plan for the right time management. Never miss today.

646 시간 낭비는 인생 최대의 실수이다. 휴일에도 시간을 잘 활용하라.

Waste of time is the biggest mistake of life. Make good use of your time even on holidays.

647 성공은 타인의 지지를 구하지 않는다.

Success does not seek the support of others.

648 다른 사람을 곤경에 빠뜨리지 말라. 상처를 주지도, 받지도 말라.

Don't get anyone else in trouble. Do not hurt, do.

649 능동적으로 상대방에게 적응하는 태도를 갖추면 좋은 관계를 갖게 될 수 있을 것이다.

Having an attitude that adapts actively to the other party will lead to a good relationship.

650 너그럽지 못한 것은 곧 여유가 없음을 말한다. 여유가

없는 것은 자기 관리를 소홀히 했다는 뜻이다.

Ungenerous means no time soon. The inability to afford means that he has neglected his self-care.

651 텔레비전은 실제 삶이 아니다. 실제 삶을 사는 사람은 커피숍에서 머물 시간이 없다. 일터로 향해야 한다.

Television is not a real life. A real-life person has no time to stay in a coffee shop. I have to head to work.

그는 현직에 있을 때만 해도 부의 제국, 어둠의 군주, 세계를 뒤에서 조종하는 사람 등 두려움의 대상으로 묘사되곤 했지만, 은퇴 후 파격적인 자선 사업으로 그간의 모든 부정적인 이미지를 바꾸고 있다. 전 세계에서 가장 압도적으로 큰 자선 재단을 운영하고 있으며, 자녀들에게는 본인 재산의 0.1% 미만만을 물려준다는 선언도 화제가 되었다. 또한 전 세계 부호들에게 기부에 동참할 것을 호소하며, 설득하는 캠페인은 전 세계에 크게 화제가 되었다. 이제는 기부를 실천하는 부호의 상징으로 존경받고 있다.

5-3

페이스북을 만든 마크 저커버그

마크 저커버그는 우리가 잘 알고 있는 페이스북 창업자이다. 그는 외톨이 대학생이었지만, 9억 5천만 명의 친구를 모았다. 지금도 날로 넘치는 온라인 사업 중 가장 두각을 나타내는 소셜 네트워크 서비스라면 단연 페이스북을 들 수 있다. 2021년 기준으로 페이스북은 29억 명의 가입자가 있을 정도로 영향력을 보이고 있다. 2014년 페이스북의 출현으로 이와 유사한 세계 각지의 기존 네트워크들은 문을 닫았다. 미국의 마이 스페이스, 한국의 싸이월드, 중국의 큐 존 등이 한 천재 유대인 청년의 발상으로 만들어진 또 하나의 세계화 브랜드에 손을 들고 만 것이다.

652 작은 일을 시작해야 위대한 일도 생긴다.

Start small things, and great things happen.

653 모두가 원하지만 아무도 하지 않는 일에 도전하라.

Challenge yourself to something that everyone wants but nobody does.

654 수십 번 넘어져도 젊음을 무기 삼아 도전하라.

Take your youth as your weapon even if you fall dozens of times.

655 뜨거운 열정보다 중요한 것은 지속적인 열정이다.

What is more important than hot passion is persistent passion.

656 사람과 사람을 연결하면 비즈니스로 이어진다.

Connecting people with people leads to business.

657 주위의 비난에 흔들리지 말고 묵묵히 나아가라.

Don't be swayed by the criticism around you and proceed silently.

658 옳다고 믿으면 끝까지 밀고 나가라.

If you believe it's right, push it through.

659 결국에는 신념을 가진 자가 승리한다.

In the end, the man of faith wins.

660 가장 큰 위험은 위험을 피해 가는 것이다.

The greatest danger is to avoid danger.

661 빠르게 움직이고 주변의 틀을 깨부숴라.

Move fast and break the surrounding frame.

사교성과는 거리가 멀었던 저커버그는 변변한 친구도 없는 외톨이였다. 해커 수준의 컴퓨터 귀재인 그는 혼자 컴퓨터 앞에서 많은 시간을 보낼 수밖에 없었다. 만 20세가 되던 2004년 그는 하버드 대학교 기숙사에서 유대인 급우 더스틴 모스코비치와 다른 수 명의 학생들과 함께 페이스북의 전신인 페이스매시라는 소셜 네트워크를 개발했다. 저커버그의 아이디어는 하버드대 학생 간 인적 네트워크를 구축한다는 것이었다.

662 내가 자신에게 매일 묻는 말은 "나는 내가 할 수 있는 일 중에서 가장 중요한 일을 하고 있는가?"이다.

Every day I ask myself, "Am I doing the most important thing I can do? Is this."

663 비즈니스의 기본 원칙은 쉬운 것부터 먼저 시작하면 큰 성과를 이룰 수 있다는 것이다.

The basic principle of business is that if you start with easy things first, you can achieve great results.

664 매일 급변하는 현실에서 위험을 피하는 전략은 반드시 실패한다.

The strategy of avoiding danger in a rapidly changing reality every day is bound to fail.

665 세상을 바꾸려면 모든 사람들을 즐겁게 할 수 없다. 하지만 모든 사람을 즐겁게 만드는 것 이상의 발전이란 없다.

You can't entertain everyone if you want to change the world. But there is no further development to please everyone.

666 '혁신'이란 다른 이들보다 빨리 움직이고, 더 많은 것을 시도해 보는 것이다.

'Innovation' is to move faster and try more than others.

667 우리는 그 어딘가에 뜨거운 열정을 가진 사람을 찾는다. 단, 어떤 것에 열정을 가졌는지는 상관하지 않는다.

We find someone with a hot passion somewhere. However, it doesn't matter what you're passionate about it.

668 매일 아침 어떤 옷을 입을지, 무얼 먹어야 할지 고민하는 그 시간조차 아깝다. 사소한 일들에 에너지를 낭비할 필요는 없다.

It's a waste of time to think about what to wear and what to eat every morning. There is no need to waste energy on trivial things.

669 나는 우리 사회에 이바지하기 위한 최고의 방법들을 구상하기 위해 모든 에너지를 바칠 것이다.

I will devote all my energy to devising the best ways to contribute to our society.

670 지금 사람들은 아프리카에서 죽어 가는 난민보다 집 앞 잔디밭에서 죽어 가는 다람쥐에게 더 관심이 있을지 모른다.

Now people may be more interested in squirrels dying on the lawn in front of their homes than refugees dying in Africa.

671 가장 열정적으로 할 수 있는 것이 무엇인지 찾아라.

Find what you can do most passionately.

최연소 벤처기업 억만장자인 저커버그는 2022년 미국 시사주간지 〈포브스〉의 '세계 억만장자' 순위 15위에 선정됐다. 또한, 현재 페이스북의 자산 가치는 1조 80억 달러 이상으로 추산되며, 2021년도 기준 저커버그 자신도 896억 달러의 거부로 알려져 있다. 2010년에는 그의 일화를 다룬 영화 〈소셜 네트워크〉가 나왔고, 이 영화는 영화제에서 몇 개의 상을 받았다. 페이스북의 급성장에는 몇 가지 이유가 있다. 저커버그는 항상 '열린 사회'와 '상상력'을 강조했다. 그리고 '친구' 간 소통의 필요성을 강조한다. 그는 현대인의 속성을 정확하게 알고 있었던 것이다.

5-4

골드만삭스의 창립자 마르쿠스 골드만

골드만삭스는 월가의 대표적인 투자은행이자 유대계 자본의 상징이다. 골드만과 삭스라는 독일계 유대인들이 세웠을 뿐만 아니라 전/현직 최고경영자들이 모두 유대인들이기 때문이다. 골드만삭스는 증권지주 회사로 자기자본이익률(ROE)이 40퍼센트에 이르는 세계 투자은행(IB) 시장의 절대 강자이다. 동시에 전 세계 금융인이 가장 선망하는 직장이기도 하다. 유대계 기업으로 매우 유명한 회사인데 일단 창립자들이 유대인이었으며 역대 CEO들도 대부분 유대인이었다.

672 손해를 좀 보더라도 신의라는 원칙을 고수해야 한다.

We must adhere to the principle of good faith, even if we take a little loss.

673 어음 할인업자의 성공은 그의 모자 높이로 잴 수 있다.

The success of the promissory note discounter can be measured by the height of his hat.

674 우리 골드만삭스에서는 보통 "우리"라는 표현을 쓰지, 절대 "나"라는 이야기를 하지 않는다.

In Goldman Sachs, we usually use the term "we," never talk about "me."

675 뼈 빠지게 일해라. 그러면 떼돈으로 보상해 주겠다.

Work hard. Then I will compensate you with a large amount of money.

676 골드만삭스는 특별하다. 그리고 당신 역시 특별하며 큰 일을 해내야 한다.

Goldman Sachs is special. And you, too, are special and have to do big things.

677 우리는 한 가족이다. 그러므로 서로를 믿고 의지하며 한 마음 한뜻으로 도전해야 한다.

We're a family. Therefore, we must trust and rely on each other and challenge each other with one mind.

678 똑똑하고 잘나서 잘된 것이 아니다. 모두 철저한 교육으로 이루어진 것이다.

It's not good because you're smart and good. It's all made up of thorough education.

679 당신의 미래는 내일이 아니라 오늘부터 시작된다.

Your future begins today, not tomorrow.

680 경험을 만드는 방법은 딱 한 가지이다. 그것을 겪어 보는 것이다.

There is only one way to create an experience. You're going through it.

681 앞서가는 것의 비결은 지금 시작하는 것이다.

The secret to getting ahead is to start now.

골드만삭스 창립자 마르쿠스 골드만은 원래 펜실베이니아에서 의류점으로 사업을 하다가 금융업으로 영역을 넓혔다. 그는 사위인 샘 삭스와 함께 골드만삭스를 창건했는데, 이런 가족중심 경영은 향후 골드만삭스의 가족적인 분위기에 영향을 미쳤다. 골드만삭스는 매우 들어가기 힘든 직장이기도 한데, 이는 좋은 인재만을 엄격하게 채용하는 사내 분위기 때문이다. 학벌의 비중도 크고, 합격하고 나서도 매우 고된 격무를 맡긴다는 말로 유명하다.

682 운명이 결정되는 순간은 바로 스스로 결심하는 순간이다.

The moment when fate is decided is the moment of self-determination.

683 인생은 발 닿는 대로 자유롭게 떠나는 여행이다.

Life is a free journey at one's feet.

684 인간을 지배하는 것은 운명이 아니라 자신의 마음가짐이다.

It's not fate to dominate human beings, it's one's own mindset.

685 유대인의 성공은 교육과 협동심에 있다.

The Jewish success lies in education and cooperation.

686 한 핏줄로 이어진 가족보다 든든한 파트너는 없다.

No partner is stronger than a family connected with blood.

687 가족은 최고의 선물이다. 그러니 그들에게 최선을 다해 헌신해야 한다.

Family is the best gift. So we should devote ourselves to them as best we can.

688 나는 나의 노력만으로 모든 것을 이루지 않았다.

I have not accomplished everything by my efforts alone.

689 위기를 기회로 만드는 자가 곧 승리자이다.

Whoever turns crisis into opportunity is the winner.

690 유능한 사람은 유능한 사람을 알아본다.

A competent person recognizes a competent person.

691 위험을 무릅쓰고 도전하는 것은 그 이후의 삶을 윤택하게 만들어 준다.

Challenging at risk makes life prosperous after that.

세계 금융시장을 쥐락펴락하는 미국 투자은행의 역사는 인수합병으로 점철된 역사이다. 끊임없는 인수합병을 통해 미국 부자은행들은 덩치를 키웠고 대형화된 자본력과 인력으로 시장을 지배해 왔다. 현재 월가를 움직이는 유대인들을 통해 오늘날 복잡하게 얽혀 있는 세계 금융산업의 실체를 파헤쳐 보고 현재 미국이 주도하고 있는 환율 전쟁의 면면을 살펴보면, 돈줄과 언론을 쥐고 있는 유대인의 위력을 실감할 수 있다.

5-5

20세기 최고의 펀드투자가 조지 소로스

조지 소로스는 20세기 최고의 펀드매니저이자 현대 금융사의 신화적 존재인 소로스 매니지먼트 회장이었다. 그가 미국의 정치권을 등에 업고 태국, 홍콩은 물론이고 영국이나 일본, 한국 등 동맹국들에까지 환투기로 국가를 휘청거리게 하는 방식은 세계 경제에 강력한 영향력을 행사했다. 게다가 제3세계 국가의 빈민이나 민주화 운동가를 정치적 수단으로 삼기 위해 돕는 행보 때문에 사악한 구세주라는 별명을 얻기도 했다. 하지만 그가 평소에 검소한 생활을 하며 자선 사업에 막대한 투자를 했던 것은 변함없는 사실이다.

692 성공을 거둔 기업가는 부를 사회에 환원하고, 또 세계의 불평등을 개선할 수 있는 길을 찾아야 한다.

A successful entrepreneur must return wealth to society and find a way to improve world inequality.

693 우리에게 두 손이 있는 이유는 자기 자신과 타인을 돕기 위해서이다.

The reason we have two hands is to help ourselves and others.

694 한꺼번에 많은 선행을 하려고 미루는 사람은 어떠한 선행도 하지 못할 것이다.

He who puts off doing many good deeds at once will not do any good.

695 나태하게 사느니 차라리 죽음을 택하겠다.

I'd rather die than live in idleness.

696 나는 다른 사람을 돕는 일에는 결코 지치지 않는다.

I never get tired of helping others.

697 좋은 사람이건 나쁜 사람이건 상관하지 않고 이웃을 사랑하는 사람이야말로 가장 완전한 사람이다.

A man who loves his neighbor regardless of whether he is good or bad is the most complete man.

698 우리는 노동으로 생계를 유지하고 나눔으로 인생을 만든다.

We make a living by labor and make a life by sharing.

699 사랑에는 두 가지 의무가 있다. 하나는 주는 것, 또 하나는 용서하는 것이다.

Love has two obligations. One is giving and the other is forgiving.

700 슬픔은 혼자서도 견딜 수 있지만, 기쁨은 두 사람이 함께해야 한다.

Sorrow can be endured by itself, but joy must be shared by two people.

701 아무리 큰돈이라도 사람에게 기쁨을 주지 못할 때가 있고, 단 한 공기의 식사이지만 사람에게 일생의 은혜로 감동이 될 때도 있다.

There are times when no amount of money can bring joy to a person, and sometimes, even though it is a single air meal, it is touched by the grace of life.

소로스는 1930년 헝가리 부다페스트에서 태어났다. 원래 소로스 가계의 유대인 성은 슈바르츠였으나 나치 독일의 유대인 박해 직전 소로스로 성을 바꾸었다. 제2차 세계대전 후 헝가리가 공산화되자 그는 1947년 영국으로 건너가 런던 정경대학교를 졸업했다. 1956년 미국으로 옮긴 뒤에는 한동안 증권사 직원으로 일했다. 소로스는 1969년 로스차일드 가문의 도움으로 오늘날 사업의 모체인 퀀텀 펀드 사를 차렸고 이후부터 국제 환투기의 1인자로 자리를 굳혔다.

702 어떤 나라에 대부호가 많이 있다고 해도, 재산의 분배가 이루어지지 않는다면 그 나라는 가난한 것이다.

Even if there are many the rich in any country, the country is poor if the distribution of property is not made.

703 남의 성공에는 반드시 이유가 있고 내 실패 또한 반드시 이유가 있다.

There must be a reason for others' success and my failure must be a reason.

704 신념은 실천하면서 얻어지는 것이지 말로써 얻어지는 것이 아니다.

Faith is obtained by practice, not by words.

705 내가 부자인 이유는 단지 내가 잘못했을 때 알았기 때문이다. 나는 실수를 인지함으로써 살아남을 수 있었다.

The only reason I'm rich is because I know when I'm wrong. I could survive by recognizing my mistake.

706 가난한 사람에게 돈을 주면 신이 그 이자를 지불한다.

If you give money to the poor, God pays the interest.

707 그대가 가진 것을 주라. 그것은 어떤 사람에게는 그대가 생각하는 것보다 더 좋을 것이다.

Give to someone what you have. It will be better for some than you think.

708 믿음과 희망에 대해서 세상 사람들의 의견은 각각이겠지만, 자선에 대하여는 인류 전체의 관심이 일치할 것이다.

The opinions of the world on faith and hope will be different, but the interests of all mankind as a whole will coincide with charity.

709 복음의 특권은 나눔을 전제로 주어진다.

The privilege of the Gospel is given on the premise of sharing.

710 아이들을 가르치는 데는 오직 네 단어 - 의무, 일, 베풂, 사랑, 이것이면 족하다.

Only four words - duty, work, giving, love - are enough for teaching children.

711 인간은 주는 가운데 풍요로워지나 탐욕을 쌓는 가운데 빈곤해진다.

소로스는 헤지펀드의 기재다. 헤지펀드를 소로스가 만든 것은 아니지만 그 운용에 있어서는 타의 추종을 불허하는 탁월한 기량을 보였다. 헤지펀드는 한마디로 '고위험 고수익' 투자다. 불확실한 침체 시장이 주 공략 대상이다. 주식 공매도와 함께 파생금융 상품을 조합한 신상품이다. 이들의 장기는 국제 금융시장을 교란하는 것이다. 소로스는 1998년 방한해서 당시 대통령을 만나 한국 IMF 사태의 극복 방안을 협의한 바 있다. 그의 말 한 마디 한 마디는 지금도 국제 환시세를 좌우하는 위력을 지니고 있다.

5-6

'퓰리처 상'의 주인 조지프 퓰리처

미국과 영국 대도시 슈퍼마켓 가판대에는 스캔들 매체가 수북이 쌓여 있었다. 유명인의 신변잡기, 성추문, 범죄 또는 기괴한 사건 기사와 사진으로 가득 채운, 이른바 황색 언론이다. 그런데 이런 매체를 만드는 사람들만 나무랄 일도 아니다. 이들은 독자의 이중적 심리를 잘 파고든 것이다. 퓰리처는 이런 황색 언론으로 시작하여 정치계의 부정함이나 기업의 횡포 등에 대해 고발적인 기사를 써내려 가는 참된 언론인으로서 주목을 받았다. 그의 이름을 딴 '퓰리처 상'이 있을 정도로 그에 대한 사람들의 존경은 매우 깊다.

712 간결하게 써라. 그러면 사람들이 읽을 것이다.

Write succinctly. Then people will read.

713 가난한 사람들에 대한 연민을 가져라. 항상 대중의 복지에 헌신하라.

Have compassion for the poor. Always be committed to the welfare of the public.

714 뉴스를 단순히 인쇄하는 것만으로 만족해서는 안 된다. 잘못된 일을 공격하는 걸 결코 두려워해서는 안 된다.

You shouldn't be satisfied simply by printing the news. You should never be afraid to attack the wrong thing.

715 모든 사기와 속임수를 폭로하고 악덕과 맞서 싸우며 진실한 태도로 국민을 위해 싸우겠다.

I will expose all frauds and tricks, fight against vice, and fight for the people in a sincere manner.

716 재미없는 신문은 죄악이다.

A boring newspaper is a sin.

717 객관적이지 못한 언론은 비판을 받을 수 있지만, 전달을 안 하는 언론은 존재 의미가 없다.

Unobjective media can be criticized, but non-deliverable media have no meaning in existence.

718 국가의 자유에 대해서 신문은 위대한 수호신이다.

As for national freedom, newspapers are great guardians.

719 대통령을 열심히 응원하지만, 분명히 틀렸거나 잘못된 것은 무엇이든 반대할 것이다.

I cheer hard on the president, but I will certainly oppose anything wrong.

720 대중의 소리를 막는 것은 강을 막는 것보다 어렵다.

Stopping the sound of the public is harder than blocking the river.

721 신문을 읽는 것은 현대인에게 아침 기도와도 같다.

Reading newspapers is like a morning prayer for modern people.

퓰리처는 정치 권력에 굴하지 않고 정부를 비판하는 기사를 쏟아 냈다. 그리고 신문이 대중을 위한 공기가 돼야 한다고 역설했다. 대공황 기간 중 정부와 금융사 JP모건 간의 야합을 밝혀내는 특종을 보도했다. 또 가입자를 우롱하는 보험 회사의 농간도 폭로했다. 파나마 운하 건설 비리를 보도해 당시 대통령 시어도어 루스벨트와 정면으로 충돌했다. 또 그로버 클리블랜드 민주당 대통령 후보의 당선을 위해 자신의 신문을 활용했다. 미국 언론 매체가 선거에서 특정 후보를 공개적으로 지지한 첫 번째 사례다.

722 언론의 자유는 단지 민주주의에서 중요한 게 아니라, 그 자체가 민주주의다.

Freedom of speech is not just important in democracy, it is democracy in itself.

723 적절한 자유 따위는 없다. 전적으로 자유이거나, 자유가 아니거나 둘 중 하나다.

There is no such thing as adequate freedom. It's either totally free or not free.

724 언론은 사람들에게 그들이 알기를 원하는 것이 아니라 알아야 할 필요가 있는 것을 마땅히 말하려고 해야 한다.

The media should try to tell people what they need to know, not what they want to know.

725 진실을 추구하려면 반드시 현상의 양면을 봐야 한다.

To pursue truth, one must look at both sides of the phenomenon.

726 언론의 윤리는 선입관, 편견을 깨닫고 이것이 활자화하는 것을 피하는 데 있다.

The ethics of the press lies in the realization of preconceptions, prejudices and the avoidance of them being printed.

727 인생이라는 게임에서 자신이 가진 모든 것을 던지지 않고 성공하는 사람을 상상할 수는 없다.

You can't imagine someone who succeeds without throwing everything he has in the game of life.

728 진실은 균형 잡힌 감각과 시각으로만 인식될 수 있다.

Truth can only be recognized with a balanced sense and vision.

729 다른 어떠한 자유보다도 양심에 따라 자유로이 말하고 또한 논하는 자유를 우리에게 달라.

Give us freedom to speak and discuss freely according to our conscience more than any other freedom.

730 글을 쓰기 전에 왜 글을 쓰려고 하는지, 말하고자 하는 것이 무엇인지를 분명히 해야 한다.

Before you write, you must make clear why you are trying to write, what you are trying to say.

731 세계대전 이후 신문기자의 최고의 의무는 보도가 아니라 지도요, 뉴스의 수집에 있는 것이 아니라 문화에의 공헌에 있다.

The highest duty of a newspaper reporter after the World War is not to report, but to guide, not to collect news, but to contribute to culture.

언론의 공정성과 상업성 모두에 충실했던 퓰리처가 생전에 기자들에게 당부한 말이 있다. 기자는 정확하고 간결한 기사를 써야 하며 또 쉽게 포기하지 않는 끈기를 보여야 한다는 것이다. 그리고 자신의 일생을 반성하면서 언론의 자정 기능의 필요성도 강조했다. 언론은 사회 전 분야를 대상으로 비판 기능을 행사한다. 그러나 언론은 스스로에 대한 자성의 목소리를 그다지 크게 내지 않는다. 세상에 무오류, 무결점은 존재하지 않는다. 따라서 언론도 퓰리처의 말을 따라 자신도 비판할 수 있는 엄격함을 보여주는 것도 바람직하지 않을까.

5-7

세계 경제 대통령 벤 버냉키

현대사회에서 금융 권력은 사실상 정치 권력을 능가한다. 모든 정치 권력은 유한하지만 돈은 시공을 초월한 능력을 지닌다. 그런데 돈이라고 하면 바로 떠오르는 것이 유대인이다. 독일 유대인 로스차일드 가계는 세계 최초로 국제금융망을 구축하고 유럽 주요국 통화권을 장악했다. 벤 버냉키는 경제공황, 디플레이션 전문가로 2002년 FRB 이사로 영입됐다. 그는 미국 경제를 패닉으로 몰아넣은 대공황을 겪고, '제2의 대공황'을 예방한 공로가 있다고 평가되고 있다. 그는 직설적이고 솔직한 소통을 선호했으며, 원칙과 합의를 존중했다.

732 위기는 정치 및 경제 지도자들이 잃어버린 신뢰를 회복했을 때 종료됐다.

The crisis ended when political and economic leaders restored their lost trust.

733 지리학을 이해하고 싶다면 지진을 공부하라. 경제를 이해하고 싶다면 대공황을 공부하라.

If you want to understand geography, study earthquakes. Study the Great Depression if you want to understand the economy.

734 무엇보다 신중함이 우리 인생에서 중요한 지분을 차지할 것이다.

Above all, prudence will be an important part of our life.

735 인생은 위험의 연속이다.

Life is a series of dangers.

736 전문가가 필요할 때는 전문가를 채용하라. 당신이 전문가가 되려고 하지 말라.

Hire experts when you need them. Don't try to be an expert.

737 다른 식으로 일하는 사람과 함께 일하는 것은 참 즐겁다.

Working with someone who works in a different way is a lot of fun.

738 실패에 대해 관대함을 보이는 것은 훌륭한 기업 문화를 이루는 중요한 요소이다. 그리고 경영진은 그 실패로부터 교훈을 얻어야 한다.

Showing generosity toward failure is an important factor in achieving a good corporate culture. And management must learn a lesson from the failure.

739 문제를 해결하는 능력은 누구도 확실한 대답을 해 줄 수 없다. 부딪히고 깨지면서 본인의 노하우를 만들어 가야 한다.

The ability to solve problems can't give anyone a definite answer. They should create their own know-how by bumping into each other and breaking them.

740 개인이 가지고 있는 재능을 재빨리 알아차리고 적절한 업무 수행을 하도록 유도하는 것이 리더의 역할이다.

It is the role of a leader to quickly recognize the talent an individual has and to induce him to perform his duties properly.

741 소망을 돈으로 전환시키는 데는 조직적인 노력이 필요하다.

It takes systematic efforts to convert wishes into money.

버냉키는 1953년 사우스캐롤라이나 주 노스 오거스타에서 태어났다. 유년 시절 토라 강독을 비롯한 유대식 가정교육을 받은 그는 학업에 탁월한 기량을 보였고, 만점에 가까운 수능 성적을 받았다. 그는 미국 최고 엘리트 코스를 달렸다. 하버드 대학교에서 경제학을 전공한 후 MIT에서 경제철학 박사학위를 받았다. 이후 스탠퍼드 대학원, 뉴욕 대학교, 프린스턴 대학교 등에서 경제학 교수로 재직했다.

742 현대 세계는 구식 대기업에게는 변덕스럽고 적대적인 장소이다.

The modern world is a capricious and hostile place for an old conglomerate.

743 누구에게나 재능은 있다. 하지만 재능은 그것을 발휘할 적당한 자리를 찾아야 비로소 빛을 발한다.

Everyone has talent. But talent shines only when it finds a suitable place to put it into action.

744 자연을 정복하는 대신에, 자연을 모방하는 경영이 승리한다.

Instead of conquering nature, management imitating nature wins.

745 포기하는 것 또한 용기가 필요한 훌륭한 결단이라는 점을 알아야 한다.

It should be noted that giving up is also a good decision that requires courage.

746 모든 경영상의 의사결정의 본질은 비용과 가치의 끊임없는 긴장 관계이다.

The essence of all managerial decisions is the constant tension between cost and value.

747 비용은 원래 언제나 올라가는 경향이 있다. 이것은 바위가 아래로 떨어지는 성질과 비슷하다.

Costs originally tend to go up all the time. This is similar to the nature of rocks falling down.

748 어려운 직업에서 앞서려면 자신에 대한 확고한 신념이 있어야 한다.

To get ahead in a difficult job, you must have a firm belief in yourself.

749 어떤 일을 함에 있어 자신이 현재 추구하는 방법보다 더 좋은 방법이 항상 있을 수 있다는 열린 마음을 가져라.

Be open-minded that there can always be a better way to do something than the way you are now pursuing it.

750 포용력이 크면 클수록 유능한 인재를 선발할 가능성이 크다.

The greater the tolerance, the more likely it is to select talented people.

751 이 시대의 리더는 재벌도 아니고 천재도 아닌 딱 한 사람, 변화에 앞장서는 사람이다.

The leader of this era is not a rich man, not a genius, but only one person, who is in the forefront of change.

버냉키의 공과에 대한 평가는 다양하다. 그는 지난 2012년 초 연방공개시장위원회가 끝난 후 향후 경제 운용에 관한 전망을 내놓았다. 주택 시장의 부실자산 증가와 고용 시장 침체로 인플레이션 억제와 고용 증대는 단기간 내 실현될 기미가 보이지 않는다는 비관론을 피력했다. 경제공황 문제의 권위자로 알려진 버냉키는 공황과 유사한 현 미국 경제의 암울한 상황을 타개할 수 있는 해법을 찾아 꾸준히 노력했다.

5-8

할리우드의 거물 스티븐 스필버그

유대인들은 제2차 세계대전 중 발생한 유대인 대학살 홀로코스트에 대해 씻지 못할 한을 지니고 있다. 할리우드 유대인 제작자와 감독들은 오늘날에도 홀로코스트 또는 나치 관련 영화를 자주 만들어 대중에게 이 역사적 비극을 지속적으로 상기시킨다. 특히 명감독 스티븐 스필버그는 홀로코스트와 관련한 사업에 각별한 관심을 보였다. 스필버그는 많은 유대인 배우와 작업했다. 오랫동안 단역만 전전하던 벨라루스계 유대인 해리슨 포드가 〈인디아나 존스〉 시리즈로 대스타가 된 것이 그 예이다.

752 우리가 할 수 있는 가장 큰 모험은 꿈꾸어 오던 삶을 살아가는 것이다.

The biggest adventure we can take is to live a dream life.

753 당신이 어릴 적 가졌던 원대한 꿈을 절대로 잊어버려서

는 안 된다.

You must never forget the grand dreams you had as a child.

754 암이 사람을 죽이는 것이 아니다. 자신이 생각하는 절망에 죽어 가는 것이다.

Cancer doesn't kill people. He is dying of his own despair.

755 인간이란 어려움 속에서 성장할 때 더욱 성장할 수 있다.

Human beings can grow further when they grow up in difficulties.

756 오늘 당신에게 중요한 것은 바로 당장 어떤 것을 이루지 못한 것에 대한 초조함과 불안함이 아니다.

What matters to you today is not the nervousness and uneasiness of not achieving something right now.

757 지금 이 순간 당신이 할 일은 내일 당신이 이루어야 할 큰일을 위하여 좋은 습관을 미리 들여 두는 것이다.

What you have to do at this moment is to set up a good habit in advance for the big thing you have to accomplish tomorrow.

758 현실 세계는 악당으로 가득 차 있다. 그러므로 당신이 영웅이 되어야 한다.

The real world is full of villains. So you should be a hero.

759 가장 위대한 업적은 아이 같은 호기심에서 탄생할 것이다.

The greatest achievement will come from childlike curiosity.

760 마음 속 어린아이를 잘 간직해 두어라.

Keep the child in mind safe.

761 질문해라, 너를 둘러싼 미지의 세계에 '왜'라고 물어라.

Ask, 'why' to the unknown world surrounding you.

스필버그는 홀로코스트나 독일 나치를 주제로 많은 영화를 만들었다. 〈쉰들러 리스트〉는 그의 대표적 홀로코스트물이다. 〈인디아나 존스〉 시리즈에 등장하는 악당도 나치 잔당이 주류를 이룬다. 영화 외에도 스필버그는 홀로코스트와 관련한 특이한 사업을 벌였다. 그는 1995년 말 유대인 재력가의 도움으로 '쇼아 영상 역사재단'을 설립했다. 이 단체의 주 활동은 나치 수용소 생환자의 증언을 영상물로 제작하는 것이다.

762 가끔 나는 하루 종일 내가 꿈을 꾸는 상상을 해본다.

Sometimes I imagine I dream all day long.

763 어떤 일이든 먼저 행동으로 옮기고 나서 말하라.

Whatever it is, put it into action first and then say it.

764 인간은 배고프지 않을 때에도 사냥하는 지구상 유일한 동물이다.

Human beings are the only animals on earth that hunt even when they are not hungry.

765 나는 희망을 밤이나 낮이나 품어 둔다. 그러기에 그 희망이 현실로 이어지는 것이다.

I keep hope night and day. That's why hope leads to reality.

766 우리는 모두 매일 다른 사람이다. 나는 우리 인생을 통하여 우리가 매일매일 같은 사람이라고 생각해 본 적이 없다.

We're all different people every day. I have never thought of us as the same people every day in our lives.

767 삶이 멈추는 날까지 '왜, 어떻게?'라는 질문을 계속해라. 성공은 질문에 달려 있다.

Continue asking 'Why, how?' until the day life stops. Success depends on the question.

768 자신에게 부정적인 말이나 스스로가 절망에 빠지는 나쁜 생각으로 자신의 위대하고 방대한 잠재력을 잠재우는 일이 있어서는 절대로 안 된다.

Never silence one's great and grand potential with negative words to oneself or bad thoughts to fall into despair.

769 당신에게는 오늘만 있는 것이 아니다. 내일이 당신을 기다리고 있다.

It's not just today for you. Tomorrow is waiting for you.

770 언젠가 영화를 만들게 될 때는 아주 작은 이야기로 시작하고 그 과정에서 더 큰 도전의 가능성을 지켜봐라.

When you're going to make a movie someday, start with a very small story and watch the possibility of a bigger challenge in the process.

그는 지구상에 생존해 있는 홀로코스트 희생자들이 앞으로 모두 사라지면 엄연한 역사적 사실이 잊힐 수 있다고 생각했다. 그러므로 생환자의 증언을 영상 자료로 만들어 영구히 보존해야 한다는 것이다. 그는 전 세계 49개국에 흩어진 3만 8,569명에 이르는 생존자의 증언을 수년에 걸쳐 비디오로 녹화했다. 이렇게 완성된 영상 자료는 워싱턴 홀로코스트 기념관, 파리 유대 문헌 센터, 예루살렘 홀로코스트 기념관 등 5개소에 각 1부씩 보관되어 있다고 전해진다. 그는 자신의 창의적인 면모로 유의미한 성과를 이룬 감독으로도 알려져 있지만, 민족의 아픔을 되새기는 정의감도 갖고 있었다.

"나만의 탈무드 명언 필사 노트"

앞서 읽은 구절 중 나의 것으로 만들고 싶은 명언이 있다면, 핸드폰으로 찍은 후 직접 손으로 옮겨 적어 나만의 탈무드를 만들고 개인 SNS에 올려 보세요.

29.

30.

31.

32.

33.

34.

35.

인생의 경험은 계속된다

유대인들의 굴곡진 삶을 통한 통찰과 인생을 가로지르는 삶의 기술을 『탈무드』로 가늠해 볼 수 있는데, 인생의 순리를 따르면서도 가난을 싫어하고, 무엇보다 배움과 교육을 중시하는 그들의 인생철학이 잘 담겨 있다. 특히 공동체 의식이 강한 유대인들은 민족의 생존을 위해 가난한 자와 고아와 과부를 돕는 자선과 구제를 당연한 의무이자 자신이 복을 받는 비결로 받아들였다.

셰익스피어의 『베니스의 상인』에 나오는 유대인 고리대금업자 '샤일록' 같을 것이라며 유대인에 대해 부정적인 이미지를 갖고 있는 사람도 있지만, 대부분의 유대인은 가난한 자를 경멸하지 않는다. 다른 사람을 위한 자선은 다시 자신에게 돌아온다는 믿음이 있기 때문이다. 이처럼 『탈무드』를 읽다 보면 우리의 편견과 다른 유대인의 정신세계를 마주하게 된다.

바빌론 유수 이후 전 세계로 흩어진 유대인들이 각자의 자리에서 자신의 역량을 최대한으로 발휘할 수 있었던 것도 그들의 정신세계 덕분이 아닐까.

실제로 미국을 비롯한 세계의 유명 인사 중에 유대인이 차지하는 비율은 매우 높다. 할리우드를 만들어 미국의 영화산업을 주도하고, 〈뉴욕타임스〉와 〈워싱턴포스트〉 등의 일간지를 만든 것도 이들이다. 어려서부터 『탈무드』를 통해 자부심과 정체성을 교육받은 유대인들에게, 『탈무드』는 단순한 책이 아니라 미래를 개척해 나가는 힘이다.

지금까지 우리는 이 책을 통해 탈무드의 여러 가지 인생 가르침을 전해 받게 되었다. 지금 당장 해야 하는 일은 대단히 어려운 것이 아니다. 지금까지 읽은 가르침을 실천하며 좋은 습관을 만드는 것이다. 내일부터가 아니라 오늘부터, 지금 이 순간부터 실천해야 한다. 그러면 성공은 멀지 않은 곳에서 우리를 기다리고 있을 것이다. 그리고 우리는 성공을 거듭하며 또 다른 『탈무드』를 써내려 갈지도 모른다. 인생은 계속해서 새롭게 쓰이는 지혜이기 때문이다.

부와 성공의 인사이트, 유대인 탈무드 명언

5천 년 동안 그들은 어떻게 부와 성공을 얻었나

초판 1쇄 발행 2022년 6월 10일
2쇄 발행 2022년 12월 1일

지은이 | **김태현**
기획 편집 총괄 | **이인숙**
편집 | **이다현**
기획 | **이지영 박채송**
표지·본문 디자인 | **이선영**
교정교열 | **이인순 김강리**
마케팅 | **김경민 최미남 오하은**
펴낸곳 | **리텍 콘텐츠**
주소 | **서울시 용산구 원효로 162 세원빌딩 606호**
전화 | **02-2051-0311** 팩스 | **02-6280-0371**
이 메 일 | **ritec1@naver.com**
홈페이지 | **http://www.ritec.co.kr**
페이스북 | 블로그 | 카카오스토리채널 | **[책속의 처세]**
ISBN | **979-11-86151-52-5 (03190)**